国境に宿る魂

黒岩揺光

紛争の狭間に生きるカレン・カチンの若者達と
同じ屋根の下で

世織書房

国名「ビルマ」――一九八九年六月に軍事政権は、国名を「ミャンマー連邦」と変えたが、本書ではそれまでの「ビルマ」を用いている。

【扉・パトロールするカレン人兵士（宇田有三 ©）】

まえがき

　イラクやアフガニスタンなどでの自爆テロが世界を震撼させている。実行に及ぶ人の多くは私と同世代の若者達だ。半世紀以上、戦争のない日本で生まれ育った私にとって、自分の国、民族、宗教などのために命を犠牲にしようという感覚は理解しがたいものだ。本書は、長年の武装闘争が続けられている地域に生きる同世代の若者が通う学校に、私がボランティア講師として住み込み、同じ屋根の下で過ごした体験記だ。

「何か人と違うことをしてみたい」と、二〇歳で難民のボランティアを始めたのがきっかけだった。二〇〇〇年一月、大学の冬休みにボスニアで難民支援のボランティアをし、元兵士のボスニア人青年と知りあった。九〇年代にあったボスニアでの内戦で、彼は何度と命を落としそうになったが、それでも「ボスニアの独立のため」と、四年間、銃を持って戦い続けた。そんな彼に、私は無神経にも「私は、日本のために命を捧げることはできないだろう。もし日本で戦争が起きたら、私は、真っ先に国外へ逃げるだろう」と伝えた。彼は「それは身勝手だ」とムキになり、一時間以上の口論になった。

それ以来、自分とかけ離れた生い立ちを持つ若者達のことをもっと知りたいと思い、大学卒業後、難民に携われるインターンを探した。二〇〇三年一月、タイ・バンコクのチュラロンコン大学のアジア移民研究所が受け入れてくれ、隣国・ビルマから逃れてくる少数民族の難民の調査に携わることになり、二〇〇五年五月には、その若者達の聞き取り調査で修士論文を完成し、大学院を卒業した。

＊

タイのビルマ国境付近には、九つの難民キャンプに一〇万人以上のビルマからの難民がいた。その八割を占めるのがビルマの少数民族、カレン民族。

半世紀以上、ビルマで続く内戦で、タイへ逃れてきたカレンの難民達。キャンプは二〇年以上前からあり、難民はキャンプの外へ出ることは許されず、そしてキャンプの外を知らずに生まれ育っている子ども達がたくさんいた。「カレン民族が自由に暮らせる領土を軍事政権から勝ち取る以外に、平和に暮らしていく方法はない」――父親を軍事政権に殺されたカレン青年は私にそう言った。

自分が、もし日本人に生まれてきたというだけで、家族が殺されたり、キャンプの外に出してもらえなかったりしたら、どうなるのだろう？　カレンの人と接していく中で、深く考えさせられた。そして、不思議な現象にも直面した。カレン青年達は、皆、「カレン民族のために命を捧げる」と言うが、カレン民族といっても様々な宗教や支族に別れていた。同じカレン人なのに会話がなりたたず、仏教徒やキリスト教徒などもいて、「カレン」と一括りできないほど「カレン」の中には多様性があった。「カレンのために命を捧げる」と皆言うが、一体、彼らにとって「カレン」という民族は何なのか？　どうやって、カレンとして、彼らは結束しているのだろう？　様々な疑問がわいてきた。

本書は三部構成で、Ⅰ部では、二〇〇三年一～五月、タイのアジア移民研究所のインターンとして、カレン民族の難民キャンプでの体験を紹介する。Ⅱ部では、同年五月、ビルマ最北部のカチン州で青年が通う学校でボランティア講師を一カ月務めた体験。Ⅲ部では、二〇〇四年七月～一〇月、タイのビルマ国境付近にある、カレン青年の学校で講師を務めながら生徒達との日々が綴られる。

二〇〇七年九月二七日、ジャーナリストの長井健司さんが、ビルマの最大都市ヤンゴンで、反政府デモ取材中にビルマ国軍兵士に撃ち殺された記憶はまだ新しい。無実の人びとを平気で撃ち殺す政権の下で、半世紀以上虐げられてきた父親や母親の姿を見て育った、私と同世代のカレンやカチン人の若者達。

「戦争はいけない」と平和な国、日本で育てられて来た自分が、彼らと日々を共にしていく中で、様々な感動や衝突があった。「民族のために命を捧げる」ということはどういうことなのか？

＊

大学院の論文調査での聞き取りも内容に含まれているが、本書は決して「修士論文」ではない。大学院では「学問の知識」のため、方法論とか論文の構成とかに時間が割かれ、修士論文では私が伝えたいと思う体験の一割も書くことができなかった。そのため、論文という枠にとらわれず、自分が見たこと、聞いたこと、感じたことを、そのまま書きたいと思い、本書を綴り始めた。そしてこの体験は、研究者という道を断念し、新聞記者をめざすきっかけにもなった。

そして、ここで登場する若者達は、決して、日本人にとって他人事ではない。日本政府は二〇一〇年度から、タイ－ビルマ国境のキャンプから数十人単位で難民の受け入れを始めることを決めている。つまり、将来私達の隣人になるかもしれない人達なのである。

民族の専門家でも、ジャーナリストでもなかった私が、〝なんちゃってボランティア〟から始めた冒険記でもある本書を読み返してみると、最初は、「自分探し」の趣のまま必死に背伸びをして世界を語ろうとする様子がわかり、顔が赤くなった。後半に入るにつれ、何かをすぐ断定するのではなく、若者達とのやりとりをそのまま伝えようとする私が窺える。読者の皆さんは、しばし、私の断定的な記述に退屈されるかもしれないが、若者の成長過程とお考え下さり、最後までお付きあいをお願いしたい。

国境に宿る魂・目次

Ⅲ――〈カレン青年リーダー育成学校〉の若者達

ビルマ（Burma）

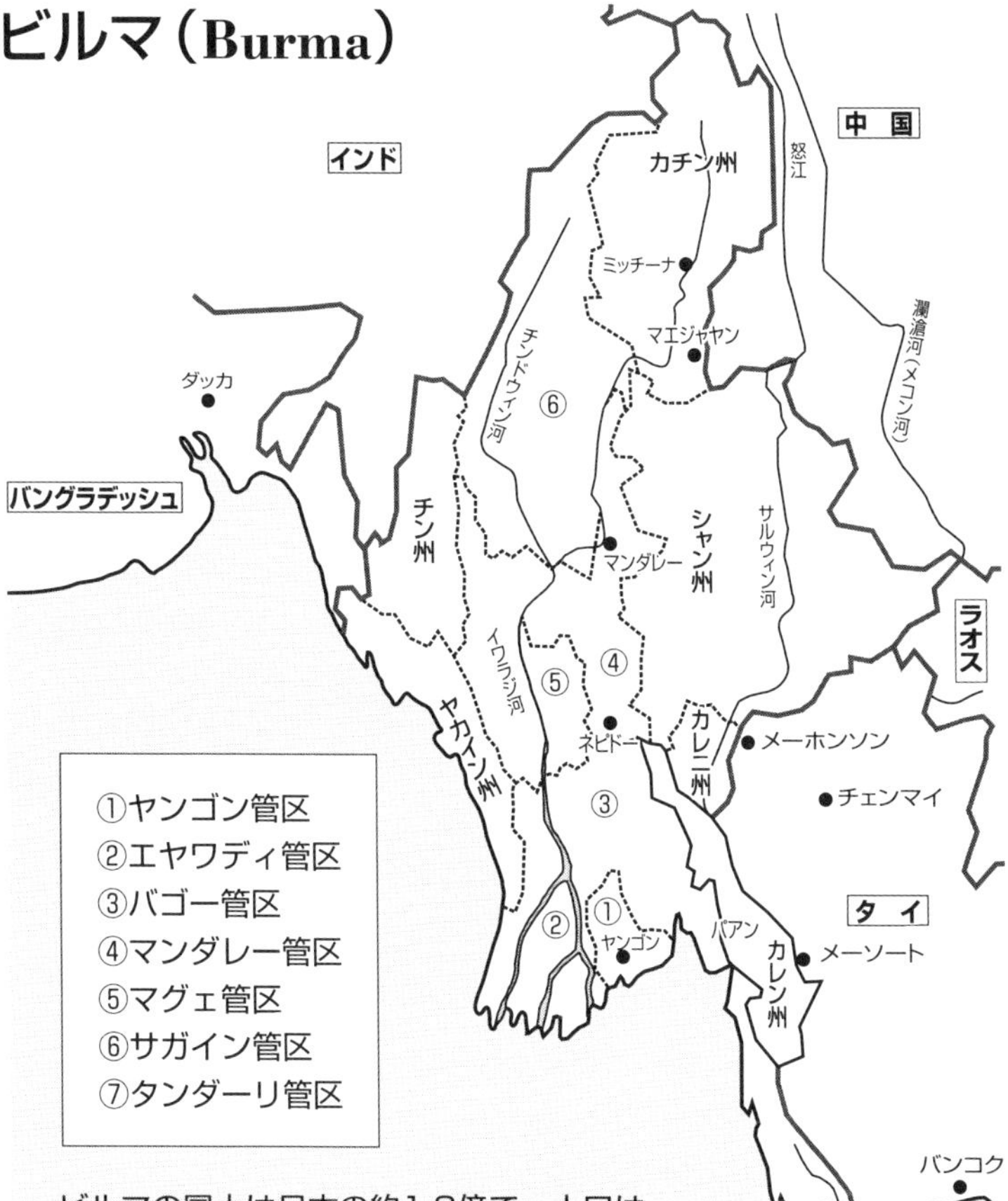

ビルマの国土は日本の約1.8倍で、人口は約5000万人。首都はネピドー。国民の約9割が仏教徒である。多民族国家で、ビルマ民族が約7割、そしてシャン、カレン、チン民族などで構成されている。7つの管区と7つの州に分かれており、管区には主にビルマ民族が多く住み、州には少数民族が多く住んでいる。

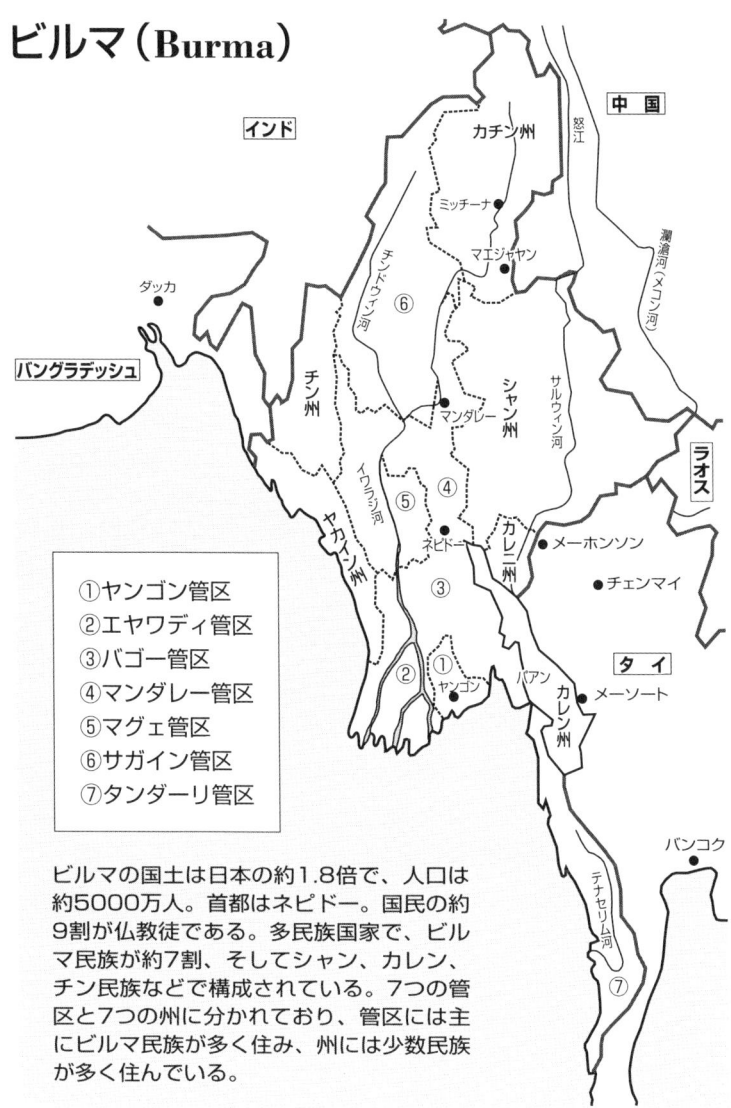

●略記号一覧●

DKBA（Democratic Kayin Buddhist Army）：民主カレン仏教徒軍

KIO（Kachin Independence Organization）：カチン独立機構

KNLA（Karen National Liberation Army）：カレン民族解放軍

KNPP（Karenni National Progressive Party）：カレニ民族進歩党

KNU（Karen National Union）：カレン民族同盟

KSNG（Karen Student Network Group）：カレン学生組織

KWO（Karen Woman's Organization）：カレン女性組織

KYLMTC（Karen Youth Leadership Management Training Center）：カレン青年リーダー育成学校

KYO（Karen Youth Organization）：カレン青年組織

NLD（National League for Democracy）：国民民主連盟

OKRSO（Oversea Karen Refugee Social Organization）：海外カレン難民社会組織

SPDC（State Peace and Development Council）：ビルマ軍事政権

I

カレン族〈メラ難民キャンプ〉の若者達

——タイ・メーソート

【メラ難民キャンプを行き交う若者（Yokō©）】

【上・密集するメラ難民キャンプの竹の家、下・市場風景（ビルマ救援センター ©）】

1　メーソート視察記

二〇〇三年二月のこと、バンコクのチュラロンコン大学のアジア移民研究センターでインターンシップを始めてすでに一カ月半がたつ。研究課題「ビルマからタイに逃れた避難民の子ども達」の調査をずっとやってきた。紛争がもたらす子どもへの影響、難民、未成年軍人、人身売買、未成年強制労働など、数々の人権侵害があまりにも当然のこととして世界各地で行われ、それほど国際社会の注目が向けられていないとの危惧から、ユニセフが東南アジア三国（タイ、インドネシア、フィリピン）で“Children Caught In Armed Conflict”（戦禍にまみれた子ども達）という調査・研究のプロジェクトを立ち上げ、その手伝いをすることになった。調査・研究の結果を通して、紛争に巻き込まれた子ども達の社会復帰への道を模索しようというものだ。

アジア移民研究センターが任された仕事は、ビルマから避難してきた子ども達の生活環境、心理状態などをインタビューによって調査することだ。タイにはビルマからの移民労働者が一三〇万人いると言われている（タイの総人口は約六千万人）。その大部分が不法就労者であり、タイ当局の目を逃れて、バンコクやチェンマイなどの大都市でひっそりと暮らしている。難民キャンプは二〇〇九年現在タイ‐ビルマ国境に九カ所設けられていて、主にビルマの少数民族（カレン族、カレニ族）が暮らしており、その人数はすでに一〇万人を超えている。その他に、難民認定を受けられなかった亡命者が一〇万人ほどおり、これは主にシャン族の人達だ。彼らは別名タイ族とも呼ばれるほどタイ民族と密接な関係にあり、タイ市民権の取得の有無にかかわらず難民として受け入れてもらえず、タイ北西部で不法就労者として生活を送っている。

調査の対象はこの三民族（カレン、カレニ、シャン族）の未成年者達である。センターの研究室で毎日朝から晩までビルマの紛争や国内避難民、未成年軍人などの資料に目を通し、レポートをまとめる単調な日々に嫌気がさし始め、現場をこの目で見たいという衝動にかられた。早速、難民教育に従事しているＮＧＯに電話をかけ、現場視察のアポを取らせてもらった。その日の内に荷物をまとめ、長距離バス停へと向かう。タイに来て初めて、心臓の鼓動が高まり、これがタイで求めていたものだとの思いに、からだ全体が包まれていった。

＊

バンコクから北西へバスで七時間かかって、ビルマとの国境の町メーソートに到着。ここは、ビルマのカレン州と隣接していて、ビルマからの不法就労者で町はあふれている。そして、北へ四〇キロほどのところに、今回の旅の目玉、タイ国内最大の難民キャンプ、メラキャンプがある。キャンプ内はおよそ三万人以上のカレン族がおり、そこはキャンプというよりは集落が密集した一つの町であった。

早朝五時にもかかわらず、ＮＧＯのトラックが迎えに来てくれていた。カレンの青年育成に取り組むグレゴリーさんが、まだ目覚めたばかりで意識が朦朧としている私に、笑顔で握手を求めて来た。そのまま彼のオフィスまで直行してもらい、再び眠りに落ちた。九時ごろ目がさめると、外から英語の話し声が聞こえてくる。声の主は、イギリスから英語教師として来ているサイモンさん。

そこでは一〇数人の生徒が真剣なまなざしで授業を受けていた。このオフィスは、カレン州内および難民キャンプから、一八歳以上の選りすぐりの青年を集め、将来のリーダーとして育成するために設けられた特別学校だった。悲惨な国内事情にもかかわらず、みごと高校を卒業し、将来のカレン州をリーダーとして担おうとの野望を抱く三〇人ほどの青年が、英語、コンピューター、政治など、多種多様な分野を九カ月間で習得する。サイモンさんを含め、他にイギリス人夫婦、アメリカ人カップルなど、海外からの講師が教える。サイモンさんの授業を見学。ただ見ているだけの自分がなぜか歯がゆく思い始め、研究室で座っているよりも、ここの教壇で英語を教える方が数倍楽しいのではないかとの思いにとらわれていった。

午後、コンピューターの授業は台数が五台と制限されているので、あぶれた生徒は手持ぶさたになる。この機会を逃しはしないと、暇そうにしている者をずうずうしく集めて、日本についての特別講義を始める。一〇人以上のカレンの青年が不思議そうな視線をあびせる中で、まず自己紹介から始め、自分の生い立ちを説明。家族構成、日本の教育システム、アメリカ留学、スウェーデン留学、タイと日本の難民受け入れ体制、などなど、大雑把で、しかもまったくまとまりのない講義を皆まじめに聞いてくれる。中にはノートを取っている生徒までいた。

自国の紛争で、人生の大半を避難生活で暮らしている彼らにとって、世界の情報を生の声で聞くのは新鮮だったのだろう。ふと時計を見ると、すでに一時間半くらいたっていた。特別講義の後も、「世界のことを知る機会がないから、もっと教えてくれ」と三人ほどが椅子を引きずって寄って来てくれた。自分が何かの役に立てることが素直に嬉しかった。海外経験どころか、聞けばまともに教育を受けていない者達もいるのに、彼らの英語力には脱帽させせられた。

夕方になると彼らは、近くの広場でサッカーをする。私も参加しようと思い、「運動靴誰か貸してくれない？」と、何気なく、あまりにも軽率なことばを口にしてしまった。運動靴を持っている者はまれで、ほとんどの青年達は古びたスニーカーしか履いていないのだ。困惑した表情で私を眺める青年達と目があい、羞恥心でいっぱいになる。無神経な一言から、私と彼らの生い立ちの違いを思いしらされる。運動靴を貸してくれということは、青年のうち誰かが運動靴を一足以上持っていて、かつ、他の青年達もその余分を借りなくてもすむくらいの靴を持っているということだ。結局、自分が履いてきたスニーカーでしたが、それでも、大半の青年達の靴よりはましだった。でこぼこの広場で、ゴールは太い木の棒を二メートル間隔に立てたものだった。

2　メラ難民キャンプ

翌日、グレゴリーさんが手配してくれ、念願の難民キャンプを視察した。広い丘の上に、竹で作られた高床式の家が密集している。人口三万人以上の人達が生活する世界でも有数の大難民キャンプで、そのほとんどがカレン族である。中を歩いてみるとそこはカレン族の自治区といわんばかりに、市場、病院、集会所、学校、教会、寺院などが整っており、私が想像していた〃難民キャンプ〃のイメージを覆される。一年前、ボスニアの難民キャンプを視察したことがあったが、規模だけではなく、難民自身の自立性など、まったく様相が違うことに驚き、難民キャンプといっても一概には語れないことを思いしらされる。

キャンプ内の青年の教育に従事するロードーさんの家に一泊お世話になる。もちろん、キャンプ内には電話などないので、ロードーさんの家にとっては突然の来客であったが、親切に受け入れてくれた。これまで外部の者がキャンプ内に滞在することなど認められず、許可証なしに足を踏み入れることさえ許されない。長年キャンプとかかわってきているグレゴリーさんやロードーさんがタイ当局の目を盗む方法を知っていることと、私がアジア人で欧米人と比べ、目立たないのがよかったのだろう。「さすがに欧米の方を家に泊めるわけにはいきません」とロードーさんも話していた。

ロードーさんは妻と子ども四人の六人家族だ。難民キャンプ生活はすでに一三年になり、下の子ども達はこのキャンプが故郷である。ビルマの名門大学、ヤンゴン工科大学を出ており、卒業後は政府機関で働いたが、カレン族に対する軍事政権の人権侵害を見ていられずに辞め、以来ずっとカレン族の教育に携わっている。「大学の同級生は皆ヨーロッパの大学院に進学し、そのまま移住しています。私はこの場でカレンに身を捧げることに幸せを感じているので、ここから出る必要はありません。」

一九六二年に樹立したネウィン軍事独裁政権は、多民族国家ビルマを統治するためにビルマ人至上主義を唱え、〝民族分割プログラム〟を名目に、少数民族が過半数を占める地域を強制移住により徹底的にビルマ人化しようとした。少数民族最大のカレン族は一番の標的にされ、一九六九年にビルマ国軍はカレン州内に進攻している。そして一九八四年には、すでに一万人のカレン難民が国境を越え、タイに逃れて来ている。現在、一〇万人以上のカレン族がタイの難民キャンプで暮らし、三〇万人以上が国内避難民としてビルマ・カレン州内のジャングルで、年に数回住居を移しながら暮らしている。また、タイで不法就労しているカレン族も何万と推定されている。

ロードーさんは、「カレン族の自決権のために闘うというが、自決権を実現したところで、それを担う青年がいなければしょうがない」との思いから、せめてキャンプ内の子ども達には教育の権利を確保しよう身を捧げてきた。その結果、現在難民キャンプ内には驚くほど立派な教育制度が確立されているのだ。

メラキャンプ内だけで、一九の小学校、五つの中学校、五つの高等学校、そして、ロードーさんが校長を勤める二年制の専門学校、「リーダー育成特別学校」がある。キャンプ内の就学率は一〇〇パーセントに近いと言われ、難民キャンプの総生徒数は三万三千人で、二〇〇一年に高等教育を終えた生徒も二千人を数える。話によると、ビルマのカレン州内から教育を受けるためだけに難民キャンプに入って来る子どもも少なくないらしい。実際、キャンプ内に六〇人の男子生徒が住む寮があり、ロードーさんは、「ここにはカレン州内の山奥から来た子ども達がおり、彼らは親が学校に行かせるために送り込んだのです」と話す。私が今まで抱いてきた〝難民キャンプ〟のイメージは崩れ、カレン族青年育成機関といっても過言ではないほど立派な教育制度を誇っている。

一九八五年に「カレン難民委員会」を設立。キャンプ内の自治権を確保し、保健や教育などの社会保障を提供するために力を注ぎ、一八年後の今、自治能力の充実ぶりを表すかのように、カレンの子ども達は真剣に勉学に励み、高い教養を身につけている。ロードーさんの長男はまだ一七歳にもかかわらず、すでに日常会話程度なら不自由しないくらいの英語を使いこなしている。

初日に訪れたグレゴリーさんの青年育成プログラムを受講している生徒の間に、英語能力にバラツキがあるのが気になって聞いてみたところ、どうやら難民キャンプで過ごした時間に比例して英語能力に開きがあるらしいのだ。ビルマ国内避難民として幼少を過ごし、三年間の高等教育を受けるためだけに難民キャンプに入った者と、難民キャンプで生れ育った者とでは、はっきりと英語能力に差があるのだ。もちろん、教育内容は英語に重きを置いているわけでもない。彼らはなんと四つの言語（英語、カレン語、ビルマ語、そしてタイ語）を学び、さらに数学や社会などの一般教科も学び、科目数は一〇に上る。視察した時はちょうどテスト期間と重なり授業風景を見ることはできなかったが、ロードーさんの話を聞くだけで十分状況は把握できた。

難民キャンプでは日常的に衛生問題や食料問題、人権問題など様々な難題を抱えるキャンプが大半のはずで、栄養失調に苦しむ子どもの姿が頭に浮かんでくるのが多くの人のイメージだが、ここメラキャンプでは子ども達は走り回り、皆生き生きとしていた。人口の密集化などのキャンプ固有の問題はあるが、子ども達の健康状態は想像以上によかった。キャンプ内にはＮＧＯのオフィスが二〇ほど設けられ、難民の生活保障に携わっており、かつカレン族のキャンプ内の自治権を尊重するように組織されている。

3　民族としての帰属意識

これだけ安全と生活の保障が約束されている難民キャンプを視察して、ある疑問を抱き、ロードーさんに聞いてみる。「三〇万人にも上るカレン州内の避難民達はなぜ、タイ国境の難民キャンプに来たがらないのか？」一〇年以上も前にキャンプが設立されており、たしかに毎年一万人ほどのカレン族達が国境を越え難民キャンプに移り住んでいるが、それでもキャンプ内の人口の三倍以上がまだ国内避難民としてビルマに残っているという現象を不思議に思ったのだ。難民キャンプに入れば最低限、命の保証がえられ、しかも教育まで受けられるのだ。自分の身になって考えてみれば、どんなことをしてでも国境を越えようとするだろう。

ロードーさんの返答を聞いて、今の自分と彼らカレン族の間にある最大のギャップにぶちあたることになる。ロードーさんは言う、「もし、皆が難民キャンプに入ってみなさい、私達の土地は占領されてしまうだろう！　半世紀の間、故郷を失わないために私達は戦っているのです」と。そうなのだ。一五歳の時にアメリカに渡り日本人として生きることの意味を考えさせられるような機会などなく、常に新地への冒険心にみちた人生を送ってきた私にとって、自国、ましてや自民族に命を捧げるほどの帰属意識など持ちあわせておらず、民族の存在をビルマ政権によって否定され続けられてきたカレン族とはあまりにもかけ離れていることを痛感させられる。

カレン族として生きることを軍事力によって否定され続けられた彼らは、その脅威と戦うためカレン族として団結し、カレン族として生きることに自分達の存在価値を見出す。「私は子ども達にカレン族との結婚は強制しません。ただ、民族の純血維持の重要性は伝えます」と、ロードーさんは語る。さらに、ロードーさんは、欧米のＮＧＯとカレン民族とのギャップについてこう話してくれた。「キャンプ内の老人のために、特別ホームを設置して健康維持を図ろうという提案がＮＧＯ

からありました。しかし、家族と別々に住むことは彼らにとって死と同じことなので、特別ホームなどは不要なのです。」また、高等教育を受けるために難民キャンプに来た青年は、「両親は一緒にキャンプに来たがりません。故郷に残り、故郷で死を迎えたいという願いからです」と話す。

常に軍事政権の脅威にさらされ続け、貧困に苦しみ、マラリアなどの疫病、地雷など、一日一日を生き抜くことに人生の大半を費やしてきた彼らは、カレン族として共に闘い、共に助けあい、互いを信頼しあって、物質的な乏しさを精神的な豊かさで補うことで、未来の希望を抱き続けているようだった。彼らの精神的な豊かさの根底にあるものは自民族への帰属意識なのかもしれない。先進国で暮らし、日々欧米を意識し、グローバリゼーションの波にさらされ、伝統文化が削り取られ物質主義が台頭し、長寿と裕福が美徳とされた社会で育った私達には、理解に苦しむかもしれない。「精神的な価値観を失った者は死同然です」と、ロードーさんは加える。

ちょうど一年前、ボスニアの難民キャンプに行ったことを思い出す。自国を守る為に命を捧げられるか否かについて、ボスニア人の青年と一時間を越える議論をした。私は日本がもし他国に攻撃されたら、迷わず国外へ避難するだろうと主張し、彼は命を賭けて戦うと断言する。「あなたは日本から逃げられるからいいかもしれないが、他の日本人はどうするのだ？　誰があなたの国を守るのだ？　誰が敵を倒してくれるのだ？　なぜ、そんなに自己中心的なことが言えるのか？」と、責められた。ボスニアの戦争は四年続き、何十万の犠牲者と、総人口の半分が難民または国内避難民となった。彼は戦争中ずっと戦闘員として命を賭けて闘い、たくさんの仲間を失い、どんなに空腹になろうともセルビア軍に立ち向かっていた。そんな彼に、国を捨てて国外へ逃げると発言することは、彼の存在自体を否定しかねず、今考えればこの議論は避けるべきだったと反省する。彼は言った、「あなたは間違っている！　あなたの故郷が占領されたら、どうやって生きていくのだ？　伝統文化はどうなるのだ？　あなたの孫に何を伝えるのだ？」。自分なりに反論してみる、「私は日本でなくても住んでいける自信がある。命の危険にさらされるくらいなら、家族も友人も母国から避難することを選ぶだろう」。

根本的な違いは、自民族への帰属意識からくる故郷への愛着心にある。故郷がなければ民族のアイデンティティが失われ、精神的なより所も失い、生きていく術がなくなるということだ。現在、アメリカやヨーロッパにたくさんのボスニアからの難民が暮らしている。「彼らの後を追って、アメリカに住みたいと思うか？」と、別の青年に聞いたところ、「俺はアメリカ人にはなれない。イスラム系ボスニア人としてしか生きられないのだ」と言った。故郷から出ることはアイデンティティを失うことと同じで、アイデンティティを失うことは死同然のことなのだ。

冷戦が終わり、世界の紛争は国家間の戦争から、地域紛争へと様相が変わってきている。世界各地で地域紛争が勃発しており、そのほとんどがアジアやアフリカなどの民族や宗派間の対立だ。これらの対立に欧米の国々がかかわる時、当事者が抱く〝自民族の帰属意識〟への理解が重要になるのではないかと思わされた。

カレンの若者で作るカレン青年組織（ＫＹＯ）のリーダー、ユワヘイさんは、「国際社会は俺達のことを半世紀以上も見捨てて来た。ビルマ軍は俺達少数民族を抹消しようとしているのだ」と言う。一九四八年、イギリスから独立後、カレンなどの少数民族は独立を要求したが軍事政権は受け入れず、それ以来カレン民族同盟（ＫＮＵ）はずっと自治権を要求し武装闘争を繰りひろげてきた。世界の目がビルマに一気に向けられたのは、一九八八年の学生の民主化運動である。そして、一九九〇年の初の統一選挙でアウンサンスーチーさん率いる国民民主連盟（ＮＬＤ）が八割以上の票を集め圧勝した。しかし、選挙結果を軍事政権は受け入れなかった。一九九一年、スーチーさんがノーベル平和賞を受賞し、世界の目はビルマの民主化へと動き出す。

一九九〇年の選挙のことをロードーさんに聞いてみた。「私達は投票できませんでした、難民キャンプにいたのですから。国際社会は民主化、民主化と騒いでいますが、私達民族内では民主主義はすでに成立しています。私達が欲しいのは、民族自決権であり、民主化はその後についてくるものではないでしょうか？」スーチーさんら民主化運動家が一九八〇年代に世界の脚光をあびたことに対して、彼ら少数民族は歯がゆい思いだったのだろう。その時までに、彼らの独立への戦いは四〇年以上続いていたのだ。スーチーさんの運動に希望は持てるかという質問に対し、「彼女がやっていることにもちろん反対はしない。だが、彼女自身まともに軍事政権に対して口が開けないのに、どうやってわれわれのことを救うことができるというのか？」

二〇〇一年、スーチーさんは二度目の監禁から解放され、再び世界の関心が集まった。その時ちょうど私はスウェーデンに留学中で、クラスにビルマ出身の子がいたため、皆で称えてあげた。しかし、彼女の表情は硬いままだった。彼女の名前はボークナーン。以後、親しい友人となるが、後で聞いてみると彼女は少数民族カチン族に属し、カレン族同様、長年カチン州の独立のために身を捧げて来ている。彼女は言った、「クラスの皆が称えてくれるのはありがたいが、私達カチン族の状況には何の変化もないわ」。そうなのだ、スーチーさんはビルマ人の民主化のヒーローではあるが、少数民族のリーダーでは決してないのだ。実際その後の一年、スーチーさんは口を閉じたままで、これといった特別な動きを見せていない。

一九九一年、スーチーさんがノーベル平和賞を受賞したのを契機に、世界がビルマの民主化に乗り出してから一二年を数えるが、皮肉にもこの一二年間でタイ‐ビルマ国境のカレン族の難民キャンプは三、四倍にも難民が増えた。国際社会が民主化を支援しようとしているのに、なぜ、難民の流出は止められなかったのだろう？

ビルマ軍事政権（SPDC）がこの半世紀にわたってやってきたことは少数民族に対する圧迫であり、政権の独裁性や人権侵害などの根源にあるのは、ビルマ人至上主義なのだ。軍事政権は少数民族に強制移住や強制労働をさせ、脅迫や略奪、レイプ、殺戮などを何十年も繰り返している。国際社会はビルマの民主化を最優先にし、少数民族の自決権は後回しにしているが、カレン族側から言わせてもらえば、民族自決権なくして民主化などはありえないのだ。難民キャンプ内で見た彼らの自治能力の高さは、誰の手助けもなく、自分達だけで長い年月を生き抜いてきた証だろう。自民族をこよなく愛し、共存の大切さも重んじ、精神的な豊かさがあるからこそ、私のような部外者をも快くもてなしてくれ、まるで家族の一員であるかのように扱かってくれることができるのだ。

そして何よりも、カレン青年達のやさしさ、素直さが印象深かった。グローバリゼーションから（幸運にも？）取り残され、マクドナルドなどもちろん見たことも聞いたこともなく、金欲や権力欲などみじんも感じられない青年達は、ただ未来のカレン族の幸福を願い、毎日を生きている。私は心が一杯になった。何かを変えようと情熱を持って生きている人達と一緒にいると、私も勇気づけられ、未来に希望を持てるようになり、次の日をわくわくしながら待つことができるのだ。それはまさしく人間の生命力の賜物であり、現代の若者が失いつつある貴重なものなのだ。

その日、初めて難民キャンプ内で夜を送った。夜九時になると消灯が義務づけられているので辺りは真っ暗になる。これまで見たこともないようなきれいな星空だ。竹で作られた高床式の床の上にゴザを敷いてもらい、竹の柔らかさに包まれながら眠りについた。

4　カレン族とイラク攻撃

二〇〇三年三月二〇日、私がメーソートに二度目の視察に訪れたその日、カレン青年達と共にニュースでアメリカのイラク攻撃が遂に開始されたことを知った。当然、カレン青年達はイラク攻撃についての私の考えを尋ねてくる。私はイラク攻撃には断固として反対だったが、カレン青年達の前では率直に言うことはできなかった。なぜなら、彼らは皆イラク攻撃の正当性を認め、フセイン政権下で苦しむ人達を救うためなら武力を行使するのは当然、という姿勢だからだ。それは、半世紀以上、独立のため、自決権のため、伝統維持のために武力で対抗してきたという彼らの長い歴史が物語っている。アメリカと安全保障を結び、平和憲法の傘のもとで育ってきた私とは、〃武力の行使〃という概念に根本的な違いがある。

カレンの半世紀にわたる独立運動は、カレン革命と称され、四つの原則によって指揮される。それは⑴降伏はしない、⑵カレン国家の承認、⑶武器は放棄しない、⑷政治的運命は自ら決める。――難民キャンプ内の教室にこの四原則が大きく張り出されてあったことにも示されるように、カレン革命が提唱されてから半世紀たった今でもカレン族の中に生き続け、子ども達に継承されている。武力の脅威に対しては武力によってでしか対抗できない、という考えが徹底され、ビルマの何十年にもわたる紛争の歴史がその意思をより強くし、正当化させてしまったのだろう。そして、ビルマ国軍による少数民族弾圧はカレン族を弱体化させ、いじめられた弟が兄に助けを求めるかのように、カレン青年達はアメリカの軍隊がいつか助けに来てくれることを待っているのだ。

カレン青年組織（KYO）のリーダー、ユワヘイは、「イラクの次はビルマに来てくれないかな」と、イラク攻撃のニュースを観ながらつぶやいた。私は、イラク攻撃に対する正当性について彼らと議論するつもりはなかったが、まったく異なる環境で育ってきた彼らの心中を探りたく反論してみた。「せめて、ハンス・ブリクス視察団の最終報告を待ったほうが賢明だったのではないか。」ユワヘイは声を高くして、「待つ？　俺達は何年待って来たと思ってるんだ！　その待つ間に、何人のカレンが命を落としていったと思う？　カレン犠牲者の骨を全部積み上げたら雲の上まで行ってしまう！」敵の圧倒的なパワーに長年抑圧され、自民族の仲間が命を落としていくのを目撃しながら育ってきた苦悩は想像を絶するものだ。その無力感は、他の強い力への期待を増幅させ、それがカレン族にイラク攻撃への賛同を生み出す。

そもそも、二〇〇三年の二月、世界中で連日反戦デモが繰り広げられる中、私が最初に出会ったイラク攻撃賛同者は留学中に知りあったカチンの友人、ボークナーンだった。二月にタイのチェンマイで再会した時、「もし、イラクの国民が私達ビルマのカチン族のように苦しんでいるのなら、アメリカの武力行使も必要だと思う」と言っていた。そこで私は、「じゃあ、アメリカがコソボ、アフガニスタンで行ってきた武力行使を、ビルマの軍事政権に対しても行うべきだと思うか？」と尋ねたところ、彼女は片腕を高く伸ばし上げ、「ＹＥＳ！」と飛び上がったのだ。彼女とはスウェーデンで会って以来一年が過ぎようとしていたが、まさかこんな身近に自分とかけ離れた考えを持っている人がいたとは気づかなかった。私はそれに対して何の反論もせず、お互いが育ってきた環境の差に圧倒されるばかりだった。

去年（二〇〇二）、旧ユーゴスラビアのコソボ＊で会ったホテルを経営しているアルバニア人は、一九九九年に行われたＮＡＴＯによるコソボ空爆が開始された三月二四日について、こう語ってくれた。「ＮＡＴＯ空軍がやって来た時ほど幸せな時はありませんでした。私達は、街に爆弾が落とされるのを眺めながら、皆で外に出て歓声を上げました。長いセルビア人による迫害の歴史に、あの爆弾は終止符を打ったのです。」私は、自分の生まれ育った街を爆撃されている状況を目撃して歓声を上げるという感覚を理解できずに、あっけにとられた表情で見つめていたら、「私、何か間違ったこと言いましたか？」と、尋ねられた。彼にとって、残虐な加害者が制裁を加えられるということは当然のことなのだ。それに対して不可解な表情を示すことは、彼らの置かれた苦境を理解できないかのようにとられてしまったのだろう。

＊二〇〇八年にコソボは独立を宣言した。セルビア共和国に属していた旧コソボ自治区は、旧ユーゴスラビア連邦内で唯一、アルバニア人が大多数（九割）を占め、少数派セルビア

人は、民族的にも宗教的にもかけ離れたアルバニア人に自治区を支配されるのを脅威と見なし、宗主国セルビアに助けを求めた。一九八九年、コソボ自治区でセルビア人優遇措置が取られ、以来、自治区内のセルビア人とアルバニア人の対立は激化し、一九九九年のNATO空爆によって停戦協定が結ばれた。専門家の中には、元セルビア大統領のミロセビッチのセルビア人至上主義はコソボで生まれたと言うほど、旧ユーゴスラビアの運命を決定づけた最重要地区と見なされている。

このホテル経営者も、おそらくアメリカのイラク攻撃には迷わず賛同するだろう。彼にとっても、カチンの友人達にとっても、そしてカレンの青年達にとっても、武力で弱者を迫害するサダム・フセインが、武力によって制裁されることは当然なのだ。私は何も言えなかった。なぜなら、彼らは迫害を受けた経験があり、私にはないからだ。彼らに、「武力に対して武力で応えたら、人の殺しあいは永遠になくならない」と、日本で教えられたことを口で伝えることはとても簡単だ。だが、私は次のような疑問を自身に問いかけていた。もし、自分が日本人であるがために迫害を受け続け、その迫害を止めさせる唯一の手段は加害者を迫害することだとしたら、私は迫害を受け続ける道を選ぶのか、加害者を迫害する道を選ぶのか。他の道があることを信じ求め続けることが理想だが、迫害が私達の想像を超えるとしたら、果たして理想主義者でい続けることができるのか。

コソボで四日間、寝床を提供してくれた元アメリカ軍人は、「誰かが、あなたの母親を銃で撃とうとして、それを防ぐ唯一の方法が、その時あなたの右手にある銃を発砲することだとしたら、あなたはどうする?」と聞いてきた。何も言えなかった。その元軍人は続けた。「去年一四歳のアルバニア人少年を射殺したことに私は何の後悔もない。むしろ、その少年が三人のセルビア人女性を射殺する前に、私が彼を殺すことができたらよかったのにと思う。」そう語った時、ふだん穏やかな彼の表情は硬直し、目をあわせるだけで圧倒される迫力があった。何度も生死の修羅場を潜りぬけて来た彼の境遇に変な同情心がこみ上げてきた。

戦争はいけない。殺しはいけない。そう教えられて育てられ、今でもそれを信じているし、これからも信じ続けるだろう。何が苦しかったかというと、その信じ続けてきたことを、他の人に伝えることができなかったということだ。カレンの青年達に、戦争はいけないと伝えることは、死ねと言うことと同じなのだ。彼らが正しいとか間違っているとは思わない。大事なことは、こういった私達が想像できない現実があるということを受け止めるということだと、私は思う。

正直、去年の旧ユーゴスラビアでも、ここタイ－ビルマ国境でも、同じような頭痛に悩まされる。銃を発砲することでしか生きのびられないとしたら、私はどうするのか。今この世界に、そういった状況に置かれている人はどのくらいいるのだろうか。そして、こういった人達に残されるのは悲しみと憎しみだけなのではないだろうか。

5　アメリカで見たもの

カレンの青年達がイラク攻撃に賛同するのは、フセイン政権とビルマ軍事政権（ＳＰＤＣ）を同一視しているからであり、アメリカがなぜイラクを攻撃するかということについてはそれほど関心を持たない。私が引っかかったのは、彼らが持つアメリカという国に対するイメージだった。彼らにとって、アメリカとは自由主義のもと裕福で、民主主義のもと多民族が仲よく暮らす国であり、最強の軍隊で世界に存在する悪を倒してくれる、救世主的存在なのだ。高校、大学とアメリカで過ごした五年半の経験から、私の知っているアメリカという国を彼らに紹介しよう。アメリカの軍事介入を支持するのは結構だが、アメリカについての理解なしには支持も批判もできないだろう。かくして私の講義は始まった。

アメリカの根幹をなすのは、「自由主義」「民主主義」といったイデオロギーである。そのイデオロギーを信仰する者はみんなアメリカに歓迎された。アメリカに逃れてやって来る者達を受け入れることで、〝悪〟の手から〝自由〟を守るという使命感によってある意味アメリカという国が成り立っている。

フロリダのマイアミ大学在学中、私はアメリカへの難民申請者を援助するNGOでボランティアをしていた。申請者の主な国籍はキューバとハイチだったが、アメリカ政府のキューバ難民申請者に対する措置は明らかに違っていた。この二つの国の違いは、キューバは共産主義国家であり、ハイチは違うということだった。キューバという悪の国家から逃れてきた者を安住させることにより、アメリカの自由主義を世界に宣伝する効果があるのだ。実際、アメリカに住むヒスパニック系アメリカ人（メキシコやプエルトリコ）の中で、キューバ人の平均年収はずば抜けて高い。

冷戦構造が終わり、新たな〝悪〟が出現する。9・11だ。世界を震撼させたテロリズム。その〝悪〟を倒すことで、アメリカの正義は世界に証明される。それはアメリカ国民に絶大な愛国心をもたらした。この愛国心こそ、多民族国家を統治する最大の武器にもなるのだ。

世界の警察を自認するアメリカの態度はよく知られているところではあるが、私のアメリカ生活での実感としても、圧倒的な軍事力と経済力を持つアメリカの発言は世界の注目の的になる。しかしそれは、体制が違えば持つ意味も変わるのだ。

テロリストという言葉も同じだ。私自身、去年旧ユーゴスラビアでそのことを思いしらされた。セルビアの首都ベオグラードからバスでコソボに向かう途中、隣りあわせたセルビア老人に、「コソボにはＫＬＡ（コソボ解放軍）というテロリストがいるから気をつけろ」と忠告を受けた。コソボ到着後、知りあいになったアルバニア人青年に、「ＫＬＡというテロリストがいるの？」と軽率にも尋ねたら、彼の逆鱗にふれてしまった。「テロリストと言わないでくれ！ ＫＬＡは俺達アルバニア人自由解放の唯一の望みだった。」そのアルバニア人青年が怒ったのも無理はない。もしカレン青年達に、半世紀以上カレンの独立のために戦うＫＮＵ（カレン民族同盟）はテロリストだと軽々しく言ったら、おそらくもう彼らと顔をあわせることはできないだろう。以来私は、テロリストという言葉を口にすることを避けるようになった。

アメリカの社会にも目を向けよう。アメリカ社会が抱える象徴的な問題は、国内の銃犯罪発生率、および犯罪者の投獄率が共に世界で一番高いということだ。〝善〟を〝悪〟から守るために銃の所持を正当化し、〝悪〟を社会から隔離するという歴史にその根はあるが、このことによって生じるアメリカ社会での反応には複雑なものがある。

一九九九年四月二〇日、アメリカがＮＡＴＯを率いてコソボを空爆している最中に、コロラド州にあるコロンバイン高校で二人の男子高校生が銃を生徒に向かって無差別発砲し、一三人が命を落とし二一人が重軽傷を負った。この二人をテロリストと呼ぶ者はいなかったが、イラク攻撃開始後、ブッシュ大統領はイラクのアメリカ主導による民主化を掲げ、「安定した自由な国家は殺人のイデオロギーを生み出さない」と発言している。コロンバイン高校の犠牲者の親達はこの発言をどう受け止めるだろうか。

アメリカ社会もまた、色々な意味で分裂している。民主主義を唱え多民族を擁するアメリカだが、私が見たアメリカ社会は、多民族が〝共存〟してはいるが、〝共生〟しているとは言いがたいものだった。

私の通った高校は全校の三割を黒人が占めていたが、生徒の九割以上は昼休みの時間、同じ人種とカフェテリアのテーブルについた。私の友達は主に所属していた野球部員だったため、バスケットボール部とフットボール部に集中する黒人の友達はできなかった。また、ホームステイ先が白人家庭だったため、黒人が敷地に足を踏み入れることは一度もなかったし、近所で黒人を見かけることさえまれだった。校内のミスコンテストに五人の候補者の中に黒人が一人でも入れば、その一人に全校生徒の三割の黒人票が自動的に入るので、優勝者は候補者が出そろった時点で明らかになる。また、アメリカの卒業式は証書授与の際に卒業生の名前が呼ばれるたびに会場の親達や友人が歓声を上げるのだが、私の卒業式で一番大きな歓声を受けたのは、黒人と白人の混血の生徒だった。私がある ブランドのジーンズで学校に行くと、白人の友達に「それは黒人のブランドだ！」とからかわれたし、スーパーマーケットで、黒人と白人の中年女性が一緒に買い物をしている姿など見たことがない。

今現在でも黒人だけの住区、教会、学校などはどんな都市にもある。アメリカ全土の黒人人口は二割にみたず、そのほとんどが都心に集まることから、田舎に住む白人の中には、黒人と身近に接することさえまれな人もいるのだ。

アメリカ社会の分裂は、マイノリティーの問題だけにとどまらない。アメリカ経済は世界を支配する。しかし、アメリカ国民すべてが裕福になれるとは限らず、競争には必ず敗者がつきものなのだ。そして、敗者となった人は何の援助もなしに、ただ敗者として生きる道を選ばなくてはならない。私には、〝善〟と〝悪〟が、〝勝者〟と〝敗者〟に置き換えられるように思えた。その結果、アメリカ社会の貧困率は一五パーセントを超え、先進国の中では際立って高い数値を示している。この話をしている時、あるカレン青年は、「アメリカ人は皆大金持ちだと思っていた」と言った。そこで私は、「マイアミの街を車で運転するとアメリカの貧富の差が実感できる。億万長者の住む別荘が連なるビーチ沿いを走ってダウンタウンに向かうと、そこには発展途上国に見られるようなスラム街があり、飢えた人達が物をねだりに車に接近してくるほどだ」と話した。

アメリカ社会の経済格差は人種問題と深くかかわっている。私はマイアミの日本料理屋で寿司を握るアルバイトをしたことがあるが、店内に配属される従業員は白人で、調理室に配属されるのは黒人だった。むろん皿洗い等の作業は、ウェイターなどより給料が下がることは言うまでもない。オーナーに聞いたところ、「黒人を店頭に出したら、レストランのイメージダウンになるのは避けられないからな」というのが理由だった。黒人は低賃金で働いてくれるから雇いやすいが、お客の目に見せるわけにはいかないということだ。私がここで寿司を握ることができたのも、私の技術とは無縁で、ただ私が日本人であるという理由だけだ。調理室で巻き寿司を担当するコロンビアから来た一七歳の少年は、「同じ仕事でも、俺は時給五ドル、お前は店頭に立って時給八ドル。日本人は得だな」と、片言の英語でつぶやいていた。

私が渡米する前に抱いていた〝多民族が仲よく共存する裕福な国〟というイメージは、幻想に過ぎず、現実とは大きくかけ離れていた。

6 カレン族の分裂

私の講義にカレン青年達はとても興味深く耳を傾けてくれた。実は、もう一つ伝えたいことが私にはあった。

カレン革命の四つの原則をもう一度思い出してほしい。⑴降伏はしない、⑵カレン国家の承認、⑶武器は放棄しない、⑷政治的運命は自ら決める。〝敵〟から自民族を守るという目的でこの四原則は掲げられ、カレン革命は遂行され続けた。たしかにビルマ軍事政権という明確な敵は存在するのだが、五〇年以上、この強固たる四原則を掲げ続けることで生じた問題もあるのだ。カチン族などの他の民族がビルマ軍と停戦協定を結ぶ中、KNU（カレン民族同盟）は、停戦協定を結ぶことは武器を放棄することと考え、闘争を続けてきた。五〇年以上、四原則に忠誠を誓い、戦い続ける闘争心には敬意を表するが、果たしてすべてのカレン族がこの闘争心を持ちあわせることができるだろうか？　平和で静かな暮らしを望むカレン族は、ＫＮＵの戦闘動員命令に対して従順でい続けることができるのだろうか？

一九九五年、ＫＮＵが危機となる事態が起こった。ＫＮＵが二一年間守り続けた総司令部のあるマナプローが、ビルマ軍の手に落ちたのだ。タイ－ビルマ国境のカレン族難民キャンプは七万五千人に膨れ上がった。この原因は、ビルマ軍の軍事作戦でもＫＮＵの弱体化でもなく、カレン族内の分裂だった。キリスト教徒が支配するＫＮＵ指導部に対し、仏教徒カレン兵ら約二〇〇名が宗教的差別を理由に反乱した。これにビルマ軍は付け込み、反乱軍に軍需物資を送りＫＮＵ分裂を支援したのだ。仏教徒反乱軍は民主カレン仏教徒軍（ＤＫＢＡ）を結成し、ビルマ国軍と手を組み、それまでＫＮＵによって堅く守られていたタイ－ビルマ国境の難民キャンプを数度攻撃し多数の被害者を出した。カレン族によってカレン族難民キャンプが襲われるという、それまでには考えられなかった事態がカレン族難民を精神的混乱に陥らせた。

このカレン族の分裂を、カレン族を長年取材してきた山本宗輔氏は説明する。「ＤＫＢＡ問題は軍事政権の主張する宗教対立によるものというより、長すぎる内戦からくる、カレン族住民のＫＮＵ離れとカレン兵の疲れを物語っていた」（山本宗輔『ビルマの大いなる幻影』社会評論社、一九九六年）。アメリカの国際人権団体、ヒューマン・ライツ・ウオッチ（Human Rights Watch）は、ＤＫＢＡに入隊したカレン兵の中には、仏教徒だけでなく、かなりのキリスト教徒や精霊崇拝者が含まれていたと述べている。同じように、ＫＮＵに残った仏教徒カレン兵も多くいた。

山本氏は著書の中で、カレン州内にあるタミニャ村と呼ばれる二～三万人の避難民が暮らす大集落を紹介している。そこにはカレン族だけではなく、パオ族やモン族などが、ビルマ軍による徴税、軍用ポーターや強制労働、さらにKNUによる徴税などの二重の負担から逃れた農民達や商人達が集まっている。そこは善も悪もない平和な地帯であり、この地に武器の持ち込みは禁止である。カレン革命の四原則に背くかのように設立されたこの村に多くの人が集まって来たのは、カレン族のKNU離れの表面化だと山本氏は述べる。私は、数人のカレン族に分裂の理由を尋ねてみたが、返ってくる答えは皆同じで、「ビルマ軍によって操作された」だった。しかし誰も、それ以上は語ろうとはしなかった。

私が出会った数人のカレン青年達がビルマ軍に対して抱く憎しみは、とてつもなく大きい。二二歳のカレン青年は、「私の夢はヨーロッパの大学に入り、工学を学び、原子爆弾を開発してビルマ軍を壊滅することです」と、真顔で語っていた。そして、彼の憎しみは紛争体験からきているのかと思っていたら、なんと、難民キャンプで幼少のころから育ち、一度も直接紛争に巻き込まれたことはなかった。「ビルマ軍を生で見たことがなくても、私はそういうふうに親から教えられてきました。私の村がビルマ軍によって焼かれたことは、これから語り継がれていくと思います。」ビルマ軍への憎しみによって勉学への動機が生まれているという現実に、ただ言葉を失うだけだった。また、ある別のカレン青年は、「正直、ビルマ人は嫌いです。彼らによって、私達はどれだけのものを失ってきたことか言葉に表せません」。ビルマ軍という〝悪〟への憎しみによって、カレン族の同胞意識が成り立っているようにも聞こえた。

しかし、憎悪に満ちた青年ばかりでもない。私が一番仲よくなったカレン青年サシャワは、難民キャンプで高校を卒業し、カレン州内の村で小学校の先生を五年した後、タイのメーソートで青年育成プログラムの研修に参加していた。「早く村に帰って、子ども達を教育したい。でも、そのためには、ビルマ軍からの攻撃に備える必要もあるから、軍隊のトレーニングも受けなくてはならない。」生まれた時から国内避難民としてジャングルの中を村人達と転々とし、難民キャンプには入ろうとはしなかった。「村人と一緒にいるのが一番幸せですから。でも、子どもの教育の担い手がジャングルにはいないので、仕方なく難民キャンプに教育を受けに来ました。」三月にタイでの研修プログラムを終えて、彼はカレン州内に帰っていった。トラックで国境まで行き、そこから山の中を三日間歩かなければならないと言う。一〇万人以上の難民を出している無法地帯に入るというのに、サシャワは躊躇するどころか、「早く、村人がどうなっているのか知りたい」と、身の危険など心配している様子はみじんもなかった。「いつか、私の村に来て、英語を教えてやってください」と言いながら、笑顔で去っていった。

生活をともにした友人が、通信手段がまったくなく、常にビルマ軍の脅威にさらされている所に帰るということが、信じがたかった。歩いて三日という距離が、途方もなく大きなものに感じられた。あどけない笑顔からは、彼が抱えてきた苦しさも、ビルマ軍に対する憎しみも感じられなかった。サシャワが去る前の日の晩、彼は物静かに問いかけてきた。「カレン革命は正しいと思いますか？」私は、予期せぬ質問に戸惑いを隠せず、「わからない。紛争に正しいも間違いもないと思う」としか言えなかった。もしかしたら、サシャワはカレン革命に対して迷いがあったのかもしれない。でなければ、あんな質問を部外者の私にしてくるだろうか。山本氏の言っていた、〝カレン族のK

NU離れ〞の意味が少し理解できたような気がした。

半世紀以上も戦い続けなければならなかった苦難や精神的疲労を、私に想像できるわけがない。しかし、カレン族は、常に他の少数民族のリーダー的存在として勇敢に政府軍に挑んできたというプライドがある。半世紀にわたる紛争から住民が受けた影響には計りしれないものがある。カレン革命の四原則の一つに、〝武器は放棄しない〞とあるが、武器を五〇年維持し続けるということは、その武器に当てられるお金と時間は住民の生活に当てられるそれから負担されるということでもある。これは、なにもカレン族に限ることではなく、ビルマ全体のことでもあり、ビルマ軍事政権の国家予算を見れば明らかだ。ビルマ人権組織の推定では、国家予算の四割が軍事費に当てられ、なんと一パーセント未満が教育費だという（この二つの予算の違いはビルマが世界で一番だという）。二〇〇二年のユニセフの調査では、ビルマ全体で、三人に一人の子どもが栄養失調、そして、半数以下しか四年制小学校を卒業していないという。この国家予算の四割を軍事費に当てるビルマ軍事政権に対抗するため、カレン族や他の少数民族も同様に軍事費を捻出しなければならなかったはずで、そのため、住民の生活や社会整備などが犠牲になっているのである。

サシャワは両親をなくしていた。当然、紛争で亡くしたのかと思ったが、私の思い違いだった。「私が五歳の時、父がマラリアで死にました。その一カ月後、母もマラリアで後を追いました。」サシャワが自分の村のために、子ども達の教育に身を捧げる理由がなんとなくわかった気がした。医療や保健などの生活するうえでの基盤がないために両親を亡くした彼にとって、紛争などは二の次なのかもしれない。将来の村にしっかりとした基盤を作り、生きる権利を村人に保障するという目的を胸に日々努力しているのだろう。

アメリカ国民の愛国心もカレン族の同胞意識も賞賛されるべきものだ。しかし、もしその愛が、あるグループに対する憎しみによって得られたものだとしたら、それは認めたくないと思う。カレン青年組織のリーダー、ユワヘイが言ったことを思い出してほしい。「一体、何人のカレン人が死んでいったと思う?」私は口に出すことはできなかったが、心の中でこうつぶやいた。「一体、何人のビルマ人が同じように死んでいったのか?」と。別のカレン青年は、「イラク内で怯えている人を、はやくアメリカが軍事介入によって助けてやるべきだ」と言う。私はまた心の中でつぶやく。「たくさんのアメリカ人も同じように怯えているのだよ。」

二〇〇一年九月一一日の後、アメリカ全土で国旗を買い求めるアメリカ人が後を絶たなかった。私には、アメリカ人が抱く恐怖を象徴しているように思えた。

7　未成年軍人との出会い

軍事政権下で苦しむのは少数民族だけではない。ある日、ユワヘイが「ビルマ人の元軍人が三人いる。先月、KNUに降伏して、メーソートに連れてこられて保護されている」と教えに来た。

次の日、早速、彼らが保護されている場所に赴く。その元軍人の姿が目に入った時、私はおもわず言葉を失った。そこにいたのは、元軍人という称号からはかけ離れた、やせ細った三人の少年だった。年を尋ねると三人とも一五歳だという。ビルマ軍隊に未成年軍人がいるとは聞いていたが少なからず動揺してしまった。ユワヘイは言う、「ＳＰＤＣ（ビルマ軍事政権）は軍事強化のためならなんでもする。それを、この少年達が証明してくれるだろう」。

現在、世界に未成年軍人は三〇万人以上いると言われる。二〇〇二年に、ヒューマン・ライツ・ウオッチはビルマの未成年軍人について“My Gun Was as Tall as Me”という二〇〇ページにもわたる詳細な報告書を出している。それによれば、ビルマは世界で最も多くの未成年軍人を擁すると記され、一八歳未満の軍人の数は七万人を超える。これは、ビルマ軍事政権に限らず、三〇にものぼるビルマ内の少数民族の軍隊も含めて見積もられている。未成年の入隊は、軍隊による強制徴兵が過半数以上を占めるが、中には自発的に入隊を希望する少年達もいる。自発的に入隊するケースは少数民族の軍隊に多く、その動機は様々だが、主に軍事政権に対する復讐、極度の貧困、無力感から生ずる〝力〟への欲求、学校の不在、などの要因が重なっている。タイの最北部にあるカレニ族難民キャンプを訪れた際、カレニ族の独立を求める武装組織カレニ民族進歩党（ＫＮＰＰ）の幹事を二八年努めるオーレー氏に話を聞く機会をえた。

「私達の軍隊にも一八歳未満の少年はいます。食べるご飯もなく、行く学校もなく、そして村が焼かれ、親を亡くしたとしたら、子ども達にとって、軍隊しかいる場所がなくなり、武器を持つことでしか自分達の存在意義を証明できなくなります。私達の方針は、子どもに教育を受けさせることにあり、すべての入隊希望者に学校に行くことを勧めますが、残念ながら彼らが抱える状況を考えたら、入隊を許可するほかありません。」

現在、ＫＮＰＰには二〇人ほどの未成年軍人がいるという。外の世界から遮断され、紛争の中で生れ育った彼らにとってみれば、軍人が彼らを守ってくれる一番身近なヒーローである。軍服が〝男らしさ〟の象徴とされ、長い紛争によって、そういう価値観を持つようになったのも無理はないだろう。最も多い時で二〇〇人以上の未成年軍人を抱えたKNPPだが、タイ－ビルマ国境にある難民キャンプの学校のおかげで、子ども達も入隊以外の道を模索することができるようになり、入隊希望者は減少しつつある。

残念ながら、ビルマ軍事政権（SPDC）はそれほど子どもの権利に対して敏感ではない。ビルマ国内にいる未成年軍人の九割以上は国軍に仕えていると言われる。一九八八年の民主化運動によってネウィン政権が退陣し、新政権が樹立され民主化路線の期待が高まったが、当時と現在のビルマ政府軍の規模を比較してみると、民主化どころか軍事政権の名をより強固にしている。一九八八年当時のビルマ国軍はおよそ一八万人の軍人を擁していたが、現在はその倍以上の四〇万人規模の軍隊となっている。この、増強の背景にあるのは、何万人もの未成年の強制徴兵であり、目の前にいる三人のビルマ少年こそ、国家による人権侵害の何ものでもない。

ユワヘイに通訳をお願いし、個別にインタビューを行った。質問は主に、徴兵前の彼らの生活環境、徴兵時の状況、訓練場での様子、前線での彼らの役割、そして、ビルマ国軍の基地からの逃亡についてだった。時間が限られていたため、私がえた情報のほとんどは一人の少年からのものである。以下は彼の証言。

「学校からの帰宅途中、国軍のジープが目の前に停車し、三人の軍人が降りて来て、そのままジープの中に入れられました。何の話もありませんでしたし、質問も受けませんでした。ジープの中には、ほかに一〇人程の少年がいました。そのまま、ヤンゴン（ビルマの首都）の軍隊訓練センターに連れて行かれました。両親に連絡することも許されませんでした。軍隊に入りたくないのなら、刑務所に監禁すると脅されたので、仕方なく訓練を受けました。訓練は四カ月ほど続き、毎朝五時から行進、号令、整列、武器の使い方などの訓練を受け、午後からは隊長の命令に従い、ありとあらゆる雑務をやらされました。清掃、料理、建設、伝達、マッサージなどの作業を夜遅くまでやらされました。少しでもミスを犯したら拷問されました。拷問は繰り返され、隊長のうさ晴らしの的にされる時もありました。訓練終了後、カレン州にある基地に送られました。その基地にはすでに三〇人程の少年がいました。戦闘に参加する機会は一度もありませんでした。毎日、基地での下請け作業をさせられました。物資の運搬、兵舎の建設などの肉体労働を課せられました。訓練時と同じように、ささいなことで拷問を受けました。カレン民族同盟の基地が近くにあるということを知り、そこに逃亡することを決めました。」

軍事増強というより、これでは軍隊内での奴隷制度を確立するために、少年達を徴用しているといっても過言ではない。私はそこで一つ質問をした。「少年だけでなく、少女達も徴兵の対象にされているの？」驚くべき答えが返ってくる。「訓練センターには何人か少女もいましたが、彼女達はすぐ軍人と入籍したので、前線に送られることはありませんでした。」少女を誘拐して、未婚の軍人と結婚を強制させているということだ。想像するだけでも恐ろしい。

ヒューマン・ライツ・ウオッチによれば、ビルマ国軍は五〇万人規模の軍隊結成を目標とし、入隊志願者の減少に対処するため、新兵を訓練センターに連れて来た者に金銭報酬を与えるという方針を打ち出した。そして、この無差別的人権侵害政策の標的になるのは言うまでもなく子ども達である。

他の二人の少年も、同じように強制的に徴兵されていた。徴兵されるまで、三人とも国内で起きている紛争についてはほとんど聞かされていなかったらしい。ましてや、自国の軍隊が未成年者を徴兵していることなど想像すらしていなかったという。ヤンゴン周辺で育ち、カレン族という民族さえ知らなかったという。三人のうち二人は、両親と一緒に暮らしてはいなかった。貧困のため、一人の両親はヤンゴンへ出稼ぎに行き、もう一人の両親は彼をお寺に預けた。日々の生活を送ることが精一杯で、他のことに関心を持つ余裕などないといった感じだ。お寺に預けられた少年は、学校へは行かず、毎日物売りでお金を稼ぎ、両親に送っていた。一人の母親は訓練センターに赴き、泣きながら息子の帰還を求めたが、相手にされなかったという。むろん三人とも軍隊に入隊することなど考えたこともなく、カレン族にかくまってもらえたことに深く感謝しているようだ。一刻も早くビルマに帰りたいと言っていたが、状況から見て非常に困難だろう。私はユワヘイに、「もし、ビルマに戻れなかったら、彼らはどうなるのか」と尋ねたが、「ここにい続けるだけさ」の一言だった。

一カ月後、タイの北西部、メーホンソン地区にあるカレニ族難民キャンプで再びビルマ国軍の元未成年軍人に出会った。(メーソートで会った三人とは無関係)。なんと、彼はビルマ人にもかかわらず、カレニ族難民キャンプ内孤児院で暮らしていた。ビルマ国軍の圧迫から逃れるために作ったキャンプに、その圧迫に加担していた当の本人がキャンプによって守られているという、なんとも妙な構図である。その孤児院は五〇人の子どもを収容しており、全員が親を亡くしているわけではない。前述のように、中にはカレニ州内から難民キャンプ内の学校に通うために送り込まれている子どももいた。

早速、当初の予定を変更して、孤児院長にインタビューの許可を取った。今回は時間制限もなく、じっくりとインタビューを行うことができた。以下は、彼の証言である。彼の名前はモーモー。

「私が強制的に徴兵されたのは一二歳（一九九五年）の時でした。映画館の前の路で友達六人と一緒にいる所に一〇人の国軍兵士がやって来て、入隊を勧められました。皆で断りましたが、断るのなら監獄行きと言われたので、仕方なく従いました。両親には連絡を取らせてくれませんでした。訓練は四カ月。二五〇人のグループで訓練を受けました。皆一八歳未満だったと思います。整列、行進や銃の撃ち方などの訓練をさせられ、それが終わったら雑用を夜遅くまでやらされました。ありとあらゆる理由で拷問を受けました。あまりの拷問に耐えかねて逃げようとすれば牢獄に何日間か放置されます。一緒に入隊した友達の一人は、隊長の命令に背いたとしてひどい拷問を受け、十分な治療もされず訓練中に死にました。私は怖くなり逃亡を試みました。なんとか成功し、ヤンゴンの実家にたどり着きました。しかしそのすぐ後、ビルマ国軍に見つかり、再び連行され監獄の中に数日入れられました。その後、私が逃亡したことにより、ようやく私の居所を知った母親が私を連れ戻そうと訓練場に来ましたが、相手にされませんでした。こうして四カ月間の訓練を終えました。終了時、グループに残ったのは二〇〇人だけでした。二〇人は訓練中に逃げ出しました。そして他の三〇人は訓練中に死にました。私の友達のように拷問によって殺されるか、拷問に対する恐怖で自殺するかのどちらかでした。」

メーソートで会った三人の話とほとんど同じだ。それゆえ、モーモーの証言はより真実性をおびる。ヒューマン・ライツ・ウオッチは二〇人のビルマ人元未成年軍人にインタビューを行っているが、その報告書に記されている徴兵と訓練中の状況ともまったくと言っていいほど似ている。訓練中の逃亡に対しての処罰は、グループの全員によって棍棒で叩かれるといったものらしい。もし、手加減して叩く者がいたら、彼も処罰の対象とされ、他の少年から制裁を受けるといった残酷な処置が取られる。そして、訓練中の死因については拷問の他に、少年達に与えられる食料と医療の乏しさにも原因があり、苛酷な労働で免疫力をなくし、病気で死ぬケースも多いと記している。

モーモーの話で私が一番驚いたのは自殺だった。ヒューマン・ライツ・ウオッチの報告書では、インタビューした少年達の中には自殺を図った者はいなかったと記しているが、訓練中以外は武器を持たせてもらえないため、自殺をしたくてもできない状況にあると記している。

モーモーの証言は続く。

「それから私を含め五〇人の少年がシャン州の基地に送られました。実際戦闘に参加することはなく、毎日基地の建設工事をやらされました。この重労働を一年続け、私はその苛酷さに耐えられず、逃亡しました。基地からの逃亡には成功しましたが、ヤンゴンまで帰る術がなく（シャン州からヤンゴンまでは少なくとも八〇〇キロはある）路上で物売りをしてお金を貯め、トラックをヒッチハイクしてヤンゴンまで帰りました。帰ってみると、税金を払うことを拒否したことを理由に、父親がビルマ軍によって殺されたことを知りました。私は学校に戻りましたが、一年遅れていたため、二つ年下の生徒と同じ教室で勉強するのが嫌で、学校に行かなくなり、母親と農場で働きました。それから数年たち、再びビルマ軍によって強制連行され、軍隊のための物資の運び屋として強制労働を課せられました。私が配属された部隊でも、あまりの苛酷さで一九人死にました。カレニ州に送られ、二カ月後、カレニ族軍の基地がある場所を突き止め、そこに逃亡することを決めました。カレニ族は私をかくまってくれ、この難民キャンプに連れて来てくれました。」

モーモーは現在一九歳である。私はいくつか気になる点があったので質問した。

Q：ビルマ軍は紛争について何と説明していたのか？　少数民族について何か言っていたか？

A：少数民族は危険分子だから、この国から掃除しなくてはいけないと教えられました。

Q：カレニ族はビルマ軍にとって敵にあたるが、その敵陣に逃亡するのは怖くなかったのか？

A：はい。カレニ族にあったら殺されると教えられましたから。でも、どんな所でも、ビルマ軍の基地よりは〝まし〟だと思いました。本当に辛かった。

Q：カレニ族難民キャンプに入るのに抵抗はなかったのか？

A：そうですね。初めは不安でした。すぐ慣れましたけど。

Q：孤児院で、君は唯一のビルマ人だ。他のカレニ族の子どもとの関係はどう？　カレニ語が話せないことから、コミュニケーションに問題は？

A：問題ありません。皆ビルマ語が話せます。差別など受けたこともありません。ここでの生活は本当に楽しいです。早く学校に通いたい。（カレニ族難民キャンプ内の学校は中学からカレニ語ではなくビルマ語で教えている。）

Q：ヤンゴンにいる母親に会いたくないのか？

A：もちろん会いたいです。でも、ビルマに帰ればまたあの日々を繰り返さなければならないと思うと、今はまだ帰れません。ここからでは連絡も取れませんから、生きていてくれればいいのですが。

Q：将来の夢は？

A：難民キャンプの学校を卒業して、カレニ族のために戦いたいです。

インタビューは二時間におよんだ。私の質問に、嫌そうな顔一つ見せずに答えてくれた。過去の苦しみを感じさせない彼の明るい表情は、難民キャンプで生活できることの喜びを象徴しているようだった。外から見たら、私とモーモーは同年代（一九歳と二二歳）の体格の似た友人で通るかもしれない。しかし、あまりにも違う運命をたどってきた私達二人が、同じ空間にいてコミュニケーションをしていることが信じられなかった。

一二歳から今まで七年間のモーモーの経験は、現在のビルマ人の苦境を鮮烈に表している。失った七年はどうやっても取り戻すことはできないが、今こうして幸せに難民キャンプで暮らしていることが唯一の救いだろう。彼と同じような境遇の少年はビルマ国内に万単位でいるはずだ。私は、モーモーが私に伝えてくれたことをできるだけ多くの人に伝えると約束し、孤児院を後にした。

8 カレニ族の独自性

カレニ族の包容力と寛容性には感動させられる。モーモーはカレニ族でもなければ〝難民〟でもない。そして、彼らの言語も話せないモーモーが、他の孤児達と一緒に暮らしているという事実に正直驚かされる。モーモーは小学四年しか出ていないにもかかわらず、一九歳になった今でも学習意欲を見せていた。これは、難民キャンプでの教育制度の充実と教育に対する難民一人ひとりの意識の高さを表していると思わされた。

メーホンソンでモーモーが難民キャンプで楽しく暮らしているのを見て、メーソートで会ったあの三人の元未成年軍人がどうしても気になり、バンコクからユワヘイ（カレン青年組織リーダー）に電話をかけた。「あの三人が、カレン族難民キャンプで教育を受けられる可能性はないの？」ユワヘイの返答は私の予想通りのものだった。「学校はカレン語で行われているからむずかしい。カレンの子どもはビルマ語をあまり話せないし、キャンプ内のすべての難民はカレン語を話せる。」ユワヘイの言った〝すべての難民〟というのは、実際のところ当たっていない。私の訪れたメラキャンプ内の難民の一割はイスラム教徒であり、彼らの大部分はビルマ語しか話せない。キャンプ内でもイスラム教徒はある場所に集住し、カレン族達とは距離をおいて生活している。また自分達で学校を運営し、子ども達もカレン語を学ぶことはない。

シャン族の場合は、タイ族との密接な関係とタイ北部一帯に長年暮らすシャン族達の援助もあるせいか、ビルマ語よりもタイ語の教育を重視する傾向がある。シャン語とタイ語が類似しているので、子ども達にとってはビルマ語より学びやすいのだろう。そして、シャン族の大部分は仏教徒であり、キリスト教徒の多いカレン族やカレニ族よりもタイ社会になじみやすいのだ。そのうえ、タイ政府の政策によりシャン族避難民には難民キャンプが与えられていないので、避難民はタイで働くことによって生活費を賄わなければならず、タイ語を学ぶことが死活問題になるということも無視できない。そして、何よりもビルマとタイとの賃金格差が、シャン族避難民をタイに定住させる誘惑となっているのは言うまでもない。

タイに長年定住しているシャン族達が、避難民のために夜間スクールをボランティアで運営し、毎晩一生懸命タイ語を勉強するシャン族の避難民達の姿がとても印象的だった。

カレニ族にはカレン族のプライドやシャン族が持つタイとの深いつながりもない。ビルマのカレニ州（カヤ州）は、州の中で一番面積が小さく、州内の人口は三〇万と推定され、その内カレニ族が占める割合は六割、他にカレン族、シャン族、ビルマ人（族）などが住んでいる。そして、カレニ族内は幾つかの支族に分かれており、その支族がそれぞれ独自の言語を持つ。そのせいもあり、カレニ族難民キャンプの学校ではビルマ語で授業が行われているのだろう。このように、ビルマの少数民族の中の少数民族として、州内の他の民族と協調しあって生きて来たカレニ族だからこそ、モーモーのような部外者でも暖かく受け入れてもらえるのかもしれない。

モーモーとのインタビュー後、KNPPのオーレー氏に再び電話で質問した。「カレニ族難民キャンプには、他にもビルマ人はいるのですか？」彼の返事は、「はい。われわれの軍隊に降伏して来た未成年軍人は、難民キャンプにかくまうようにしていますので、おそらく一五人くらいはいると思います。今の所、目立った問題はないようです」。メラキャンプのイスラム教徒とカレン族の間にあるような民族間のギャップは、カレン二族キャンプでは見られなかった（カレン二族難民キャンプにはイスラム教徒はいないため比較対象にならないかもしれないが）。この違いは、どこからきているのだろう。数日間の視察では結論を出すことはできないが、カレン二族から感じとれる謙虚さ、柔軟性、そして多民族への包容力にその答えは求められるのかもしれない（メラキャンプはカレン族難民キャンプの中でも最大の規模で三万人以上、カレン二族難民キャンプは一万七千人）。

ところで、カレン二学生組織は難民キャンプ内の四〇〇人以上の若者から成り立つグループだが、そのリーダーは女性である。男性支配の傾向が強いカレン社会の中ではありえないのではないか。彼女の名前はエリザベス。三月のカレン二学生組織全体会議の選挙で、組織の他の幹部は全員新顔が選ばれる中、エリザベスだけは唯一再任された。そのリーダーとしての姿勢以上に、彼女が発するカリスマ性に私も魅了され、メーホンソン滞在中、時間さえあれば彼女の話に聞き入った。

再選されたことについて尋ねると、「本来なら、新しい人材に引き継ぐべきだと思っていました。新しい考え、新しい風を吹かせることは、組織存続にとって重要なことだと思います」。私は思い切って、エリザベスに聞いてみた。「カレン二族から見て、カレン族は頑固だと思いますか？」彼女は苦笑いをして、“Sometimes”と答えた。

＊

モーモーが難民キャンプにいる意味は、とても大きい。彼はいわゆる〝難民〟ではない。宗教や政治的理由であらゆる迫害や紛争から避難してきた者が、一般的には難民だ。モーモーは紛争で当事者に加担していた存在である。しかし、彼が難民キャンプにいることに対して、違和感を覚える人はほとんどいないはずだ。なぜなら、その当事者内での迫害から彼は逃げて来ているからである。

難民の定義を示したジュネーブ条約が調印されてから半世紀以上がたつ。当時と比べれば、現在の世界の紛争は随分様相を変えてきているし、それに伴って、紛争による被害者も多様化している。一世紀前、紛争による犠牲者の九割は戦闘員だったが、今現在、犠牲者の九割は非戦闘員になっている。それは、国家間の対立が地域へと戦闘の舞台を移すことにより、紛争がより一般市民を巻き込む展開になってきているからだ。そして、紛争当事者により紛争をモニターすることがゲリラ戦では通用しなくなってきて、市民はその渦中にさらされながら逃げまどい、ただ犠牲にならざるをえなくなり、その実態はほとんど知られるところではない。国際社会から何年も目を向けてもらえなかったのもそのせいだ。モーモーのような未成年の徴兵は、紛争が地域化することによって起こる悲劇であり、それはまさしく人権侵害なのだ。

ビルマ全体で国内避難民は二〇〇万人と推定され、タイ、バングラディッシュへ避難してきた難民の数の一〇倍にもなる。そして、これらの国内避難民は何の安全保障も受けずに、様々な人権侵害(徴兵、強制労働、強制移住、強姦、強奪など)に対して抵抗できないのだ。国際社会がこういった多様化してきている紛争の〝被害者〟にどのようにして救済の手を差しのべ、彼らの苦しみを世界に伝えていけるかが紛争解決への最大の課題となるだろう。そのためには、難民の定義はもっと柔軟にならなければならない。難民キャンプは紛争から人びとを守るためにあるからだ。

想像してほしい。たしかにモーモーは殺人者になる可能性があった。しかし、難民キャンプでは誰もそんなことは考えない。なぜなら、モーモーはそこにいる他の難民と同じように紛争によって苦しんだ被害者であることに変わりはないからだ。この、〝被害者〟という単語には何の定義も定められていない。モーモーがビルマ人だろうと元軍人だろうと関係なく、彼が一個人として経験した苦しみに共感することが今、一番大事なことだと、深く自分に言い聞かせた。

カチン族〈ジャングル・カレッジ〉の若者達

Ⅱ——ビルマ・カチン州マエジャヤン

【カチンの新年の祭り（宇田有三©）】

【上・カチン独立機構（KIO）の兵士、下・ジャングルをさ迷うカレン人の国内避難民（宇田有三©）】

1　カチン州と中国

カチン州はビルマの最北部に位置している。カチン民族は隣国の中国やインドに分布し、推定で約二〇〇万人と言われる。九割以上がキリスト教徒。州北部には五千メートル級の山もあり、ヒスイやチーク材など資源は豊富である。

カレン民族は一九四九年から独立を求めて武装闘争を続けて来たが、カチン民族もカチン独立機構（ＫＩＯ）という武装組織が一九六一年に設立され、軍事政権への独立闘争が始まった。しかし、今なお戦い続けているカレンと違い、カチンは一九九四年に停戦協定をビルマ軍事政権と結んだ。協定では、カチン州内の一部分をＫＩＯ、州都など主要地帯は軍事政権が統治することで合意した。カチンが統治する区域は中国との国境地帯で、停戦により、中国との経済関係を強めていくことになった。

このカチンの統治区域に、私は二〇〇三年五月、足を踏み入れた。スウェーデンで出会ったカチンの友人、ボークナーンが携わっている、カチン青年育成の目的で設立された「ジャングル・カレッジ」の英語講師として招かれたからだ。

カチン州は他の少数民族地域と同様に外国人の立ち入りはビルマ政府により規制されているため、バンコクから中国雲南省のクンミン、そしてマンシという中国－ビルマ国境の街まで飛行機で行き、そこから車で三時間かけてカチン国境へと向かう。山岳地帯に囲まれた田園風景を楽しみながら、国境を超え、カチン州の都市マエジャヤンにたどり着いた。驚いたことに、「ジャングル・カレッジ」という名前から想像していた自然あふれる所ではなく、そこは近代的な建物が建ち並ぶ活気にあふれる街だった。繁華街には中国語の看板と共に、銀行、レストラン、商店、インターネットカフェ、ホテル、バーなどが軒を連ねている。車に同乗していたカチン青年クンセンは、「あれはカジノです」と、たくさんの人が出入りする大きな建物を指さした。私はただ呆然として、ガラス越しに街並みを眺めていた。

街にあふれている人達は、ほとんどが中国人。彼らは自由に国境を行き来して、自由に街を開発し、自由に生活していた。中国人の若者が煙草を吹かしながらバーでカラオケを歌っている姿は、日本の光景とほとんど変わらない。そこはまさしく、「チャイナタウン」だった。しかもただのチャイナタウンではなく、カジノとホテルで観光客を呼ぶチャイナタウンだった。「中国国内はもちろん、台湾、香港、シンガポール、マレーシアなどからも賭博をしに人がやって来ます」と、クンセンは言う。

カチン独立のために約三〇年戦い続けたＫＩＯ幹部によれば、二〇〇二年八月にＫＩＯと中国のビジネスマンとの間で二〇年契約の経済協定が結ばれ、カチン州のグローバル化が一気に加速した。カジノが建設され、賭博者用のホテル、レストラン、バー、売春宿、そして、カジノに雇用を求めて出稼ぎに来た中国人のためのアパート、病院、銀行、市場が次々と建設されていったという。

私が訪れた時は、協定が結ばれてまだ一〇カ月しかたっていなかったが、マエジャヤンの街には約三〇〇〇人の中国人が住み、一〇〇〇人以上の中国人が日々、国境を往来していた。協定以前は、カチンの人びと一六〇〇人だけが住んでいた町だったため、この一年足らずでどれだけの変化を遂げたのかがよくわかる。

中心街の道路はアスファルトで舗装されレンガで造られた中国人の住居が建ち並び、その周りに竹とわらで作られたカチンの家々が並ぶ。近代化された街と伝統的な村が、これだけ隣りあっている光景はどこにでもあるものではないだろう。周辺のジャングルから大量の木材を積んだ中国製のトラックが走る後ろを、カチンの村人が馬に三本の木材を背負わせ、ゆっくりと通り過ぎるのだ。それは、三〇年以上紛争を続け、周辺国の経済発展から乗り遅れたカチン州のジレンマを如実に物語っているようだ。

「カチンの発展のためには、中国人の近代的技術と知識を借りなければなりません。残念ながら、カチンの教育水準だけでは、発展するのはむずかしいでしょう」と、クンセンは複雑な表情で話した。「一年前、ここら辺一帯は、馬と牛が人びとと一緒に行き交うような伝統的なカチンの村だった。しかし今は、中国からの成金の高級車が通るようになってしまった」と言葉を次いだ。

国境が開かれ、カチンは歴史の転換期に入ろうとしているようだった。中国からインターネットなどの通信システムが入り、カチンは初めて世界と身近に接することができるようになった。そして、世界を知ると同時に市場競争に身を投じることになり、闘争から経済的競争の変化にともなってカチンの意識が変わっていくのが肌で感じられた。

急速な近代化がもたらす伝統的社会への悪影響はないのだろうか？　マエジャヤンの街路は、ありとあらゆるゴミで覆い尽くされ、悪臭で鼻をつままなければならない時もあるほどだ。中国との経済協定の際、ＫＩＯはカチン人に対して、カジノと売春の利用を禁ずる警告を発したようだが、果たしてどこまで拘束力があるものなのか。人生の大半を紛争地帯で過ごしたカチンの成年達が、賭博と売春を目の前にして好奇心を抱かないわけがない。また、欧米の個人主義的な考え方に若者達は魅せられ、伝統を重んじる親達との価値観の衝突や環境破壊、少年の非行化などの問題も出てくるのではないか。カチンの若者達がこの社会の変化に向かいあう機会はあるのだろうか。

青年育成の講師として、この社会の変化の意味を青年達と一緒に考えたいと思うようにもなった。この三〇年以上、彼らはカチンがカチンであるために、軍事政権に対して命をかけて戦って来たはずだ。その、命を犠牲にして守り続けて来たものが、今、別の形で危機にさらされている。外部からの政治的圧力ではなく、自らの経済的欲求によって自分達の居所をなくしかけているように映るこの光景は、まさしくグローバリゼーションのむずかしさをあらわにしているのだ。

2　ジャングル・カレッジ

友人、ボークナーンが所属するＮＧＯ、ＰＫＤＳ（Pan Kachin Development Society）が運営するジャングル・カレッジは、二年間プログラムで英語とコンピューターを集中的に教える専門学校だ。一九九九年に設立され、すでに一〇〇名近くの卒業生を輩出している。校舎は、マエジャヤンの市街から歩いて三〇分ほどの所にあり、名前の通りまさしく、ジャングルに囲まれている。三つの教室、八台のコンピューター、一ヘクタールほどのでこぼこの土のグラウンドなど、設備はそれなりに整っている。また、校長先生寮、教師寮、男子・女子生徒寮からなる全寮制で、カチン州内の各地から、高等教育を終えた八〇人のカチン青年が、将来、自民族の発展に尽くすために一生懸命学んでいる。個々の高等教育終了時のタイミングが異なることから、下は一六歳から上は二七歳までと、生徒の年齢には幅がある。

高等教育までビルマ人と共にビルマ語で教育を受けていた生徒ばかりで、彼らにとってジャングル・カレッジが自民族によってカチン語で運営され、指導される生れて初めての教育機関であることから、皆ここでの生活を楽しんでいるようだ。生徒の英語力は多少の個人差はあるものの、私がゆっくりはっきりとした英語で話せば、大部分の生徒は理解できた。

英語の教師として来たわけだが、専門的な英語の知識よりも英語で様々な社会問題について議論することで、英会話に自信が持てるようになってもらいたいと思った。

ビルマの教育は丸暗記学習と試験絶対主義である。ジャングル・カレッジでもその傾向が強く、テストの結果は生徒全員に公開され、順位がつけられる。生徒達の作文を読んでショックだったことは、事実を書くだけで主張がない、ということだった。皆、欧米の大学への進学を夢見ているが、大学ではたくさんのレポートを書かされ、客観的事実を基に自分の考えを論理化していく能力が求められる。そこで私は、試験の代わりに私の講義で討論されたテーマを一つ選択し、それについて「自己主張作文」というレポートを提出してもらうことにした。

3 中国語の必要性

八〇人の生徒は三クラスに分かれている。一年生は一クラス、二年生は二クラスだが、英語の能力によってAとBの二クラスに分かれている。授業は一コマ一時間半で、私は毎日、各クラス一コマ教えることになった。授業初日、早速私は作文の宿題を出した。

「もし、あなたが小学校の校長先生で、カチンの子ども達の指導科目を決めなければならない立場にあり、週一〇時間ある言語指導でカチン語、ビルマ語、英語の三言語を学ぶ場合、各々に何時間を割り当てるかを決め、その理由を一ページ内にまとめよ。」

そしたら、ある生徒がすぐに質問をしてきた。「先生、中国語を入れてもかまいませんか？」私は不意を突かれた思いで、自分の観察能力の乏しさを恥じることになった。マエジャヤンで見た中国の経済進出は、カチンにとって中国語が必要不可欠の状況を示していたのだ。反省しつつ、生徒のリクエストに応じ、中国語を追加した。大部分の生徒は片言の中国語を話すことができ、中国で生れ育った生徒も二人いる。中国で暮らすカチンの数は約一〇万人と見積もられ、紛争中、隣国の同胞を頼りに中国に避難したカチンはたくさんいたという。実際、何年か中国で避難生活を送っていたという生徒も数人いた。

当初、私が予定した討論議題はカチン語と英語の重要性の比較だったが、生徒の質問のおかげで新たな議題が浮び上がった。カチンの経済発展を見据え、中国語の重要性を生徒に問いかける機会を得たのだ。中国語を指導科目に入れるか否かの賛否を問うたところ、面白いことに、生徒がほとんど半々に分かれた。早速、机と椅子を移動させ、一方を賛成派、もう一方を反対派に分け、討論を開始させた。

言うまでもなく、中国語賛成側のほうに筋の通った言い分がある。これから、カチンが中国との経済協力関係を強化していくうえで、中国語は欠かせないものになるという主張だ。

一方、反対派の言い分は、私の想像していた通り、彼らが抱く中国人に対する偏見がほとんどだった。マエジャヤンの中国人街にあるカジノや売春宿を目にすれば、カチンの伝統文化の維持に中国人の存在が脅威に映らないほうがおかしい。そのせいか、反対側からの発言には感情がこもったものが多かった。

「中華思想は、カチン社会にとって危険すぎる！」と、はっきりと意見を述べるのは、校内最年少、一六歳の男子生徒、ゾウダンだ。「中国政府の少数民族に対する人権侵害はひどすぎる。中国からの経済援助など必要ない。西欧の先進諸国から技術を学べばいい」と、力説する。そして、ふだん物静かな一八歳の女子生徒、カイタングも、おそるおそる片言の英語で中国人に対する嫌悪感を表した。「中国人はとても汚い。私達の環境を破壊する人達の言語なんて学びたくない。」

一カ月間、色々な人から話を聞いたが、中国人に対してよいイメージを抱いている者は一人もいなかった。ジャングル・カレッジの校長先生も、「ミニスカートをはいた売春婦が私達の土地を歩くのはどうも納得がいきません」と話していた。カチン社会では女性が膝をさらけ出すことはご法度なのだ。

中国語反対派の抱く偏見は理解できるものの、カチンの子ども達にとって、将来中国語が必要になるのは明らかだ。カチンが直面している現実を生徒達に教えてやりたい。ちょうど、私が反対派に伝えたいことが賛成派の生徒から発言された。中国で生れ育ち、カチン語よりも中国語を母国語とするトイジャだ。「中国語を学ぶことと、中国人の考えを学ぶこととは違う。」彼女はこう続けた。「中国人がカチン州を汚くするのは、カチン族と中国人がコミュニケーションをとれないからだ。カチン州は経済発展が必要だし、(欧米諸国と違って)中国は私達の隣国に位置するのだから、私達はもっとコミュニケーションをとるべきだ。それには、中国語を私達が勉強するほかに方法はない。」

彼女の意見に、何の反論もなかった。トイジャは高等教育を中国で終え、英語を学びたいとジャングル・カレッジに入学。当初は、カチン語をまともに話せなかったという。来年からジャングル・カレッジの授業に中国語が加えられる予定で、彼女が先生として教壇に立つことになっている。他の生徒よりも、カチン・中国関係に対する思い入れは強い。私は自分の意見を述べることで討論を閉じることにした。

「たしかに、マエジャヤンで行われている中国人による開発には問題がある。しかし、私達が考えなければならないのは、本当に汚いのは中国人なのか、それとも経済発展なのか。経済発展のために、中国人の協力を必要としているのは、あなた達カチン人です。経済発展は様々な犠牲を強いるものであり、その犠牲の大きさを私達は認識する必要がある。マエジャヤンで行われている環境破壊は、世界中で行われているものであり、何も中国人に限ったものではない。中国人に対する偏見を増長したところで、何も現実的な解決にはならないのです。どうしたら、経済発展にともなう問題を解決できるのかを考えることが重要で、中国人との話しあいなしには議論もできなく、進展もないのではないでしょうか。」

4　カチン語と英語

中国語についての討論後、私が楽しみにしていたカチン語と英語についての討論に入った。一〇時間の言語指導を割り当てる宿題の生徒の反応は予想通り、カチン語よりも英語重視という回答がほとんどだった。中には、一〇時間中、六時間を英語指導にという生徒までいた。カチン語指導に時間を多く費やすと回答した生徒は、何とたったの二人だけだった。

本題に入る前に、カチンと英語の密接な関係について述べておかなくてはならない。重要な点は、カチンの大半は信心深いキリスト教徒のため、欧米との接点は他の民族よりも多いということだ。ジャングル・カレッジでも週三回、神に祈りが捧げられ、聖書や聖歌を通して英語と接する機会は日常的にある。そして何よりも、カチン語の文字はアメリカの宣教師によって作られ、英語のアルファベットを使用することから、それへの親近感も他の民族よりは強いのだろう。

まず、英語重視派のほうの言い分を聞いてみる。文献の多さ、インターネットの主流言語、マスコミュニケーションの豊富さ、雇用機会の増幅、他の国との友好関係などなど、英語を学ばなければならない理由は数えきれないほどある。国際化の渦の中で、カチン語だけでは生きのびていけないという無力感が生徒の中にうかがえる。欧米の大学に進学を希望する生徒が過半数であり、これからカチン社会の教育水準を高めるためには英語は絶対条件なのだ。英語の会話能力では校内随一のスヂリン（男子）は、「私達が英語で得た知識をカチン語に訳し、次世代の教育に役立てなくてはならない。そのためには、今、私達が英語を学ぶ必要がある」と、言った。

さて、英語重視の理由をここまで明確に列挙され、カチン重視派の二人は少々たじろいだ様子だったが、それでも、彼らはしっかりとした言い分を持っていた。校内最年長である二七歳のジョップティナン（男子）は反論した。

「現在、カチン語を上手に話せない若者が増えてきている。私達が、カチンであり続けるためには、カチン語を皆が上手に話せるレベルにまで高めなければならない。他の言語の文献に頼らなければならないのは、カチン語が乏しいからだ。英語の知識をカチン語に訳すというが、カチン語がまだ確立されていないのに、どうやってむずかしい知識が詰まった文献をカチン語に訳せるというのか？」

さすがは他の生徒よりも長く生きているだけあり、しっかりした意見を持っている。そこで私は問いかけてみた、「ジョップティナンが言うように、カチン語を上手に操れない若者がたくさんいると思う人は手をあげてください」。そしたら、過半数の生徒が手を上げた。英語重視派のスヂリンはすかさず抵抗する。「カチン語を学ぶのは、家族や友達と話すだけで十分だ。英語を学ぶ機会は学校でしかない。」ジョップティンナンは怯まない、「私が重要視しているのは、カチン語の識字能力だ。言葉の読み書きは、話すだけでは学べない。学校で教わるものだ。カチン語の十分な識字能力がなければ、いつかカチン語は消滅してしまう」。彼が言ったことは、まさしく私が生徒達に伝えたかったことだった。

スウェーデンでクラスメートだったボークナーンはこう説明してくれた。「カチン文字が文語体になってから月日はまだ浅い。しかも、一九六二年の軍事クーデター以来、学校内でのカチン語の使用は禁止され、言語の発達が止まってしまった。今では、カチン州内にたくさんのビルマ人が移り住み、カチンのビルマ同化政策が進み、カチン語をまともに話せない人が増えている。」ここジャングル・カレッジでも、その兆候がうかがえる。それについて生徒に尋ねてみると、「カチン語よりもビルマ語で話したほうが、表現しやすい事柄があるのです。特に、格式ばった会話などはビルマ語のほうがスムーズにできます」。この事実こそ、カチン語が未発達のままだということと彼らのビルマ語への依存を明かしているものであるが、生徒達がそのことに何の疑問も抱いていないことに、私は危惧せざるをえなかった。私は討論を短くまとめた。

「君達が、英語に魅了されるのはわかる。私自身、英語が話せることにどれほど感謝したことか。英語なしでは、今ここの教壇に立つことさえできなかった。しかし、英語に魅了されすぎて、自分達の足元を見つめることを怠ってはならない。つまり、カチン語は未発達のままだ。母語が未発達のまま、君達は、政治的理由でビルマ語を学ばなければならず、経済的理由で中国語を学ぶことが必要とされ、そして、グローバル世界で生き残るために英語を学ばなければならない。酷なことを言うけど、自らの言語が未発達のまま、外の言語に依存しなくてはならない状況というのは、母国語が消滅する第一ステップになりうる。カチンのような国を持たない少数民族が、このグローバル時代を生き残るというのは、どれだけ困難なことなのか今一度考えてください。」

討論後、最年少のゾウダンが私の所へ来て、「大国が少数民族の文化を抹消する『文化帝国主義（Cultural Imperialism）』は本当に怖いですね」と、言った。「君が、英語を勉強しなければならない状況が存在すること事態、間接的には文化帝国主義だと思うよ。なぜなら、君が英語を勉強するために費やす時間によって、カチン語を勉強する時間を犠牲にしているのだから。もっと言えば、この学校に英語を学ぶために来ることによって、君は家族との時間を犠牲にしているのだろう？」

ゾウダンは頭を抱えながら、教室から去っていった。最年少にもかかわらず、ゾウダンの思考力、発言力は校内でも五本の指に入るだろう（そもそも、文化帝国主義などという専門用語を知っている一六歳は、そうはいないはずだ）。しかし、その優れた知性も、カチンの苛酷な歴史とビルマの教育制度によって矮小化されてしまっているようにも思えた。中国語の討論の際、彼の中国人排斥発言は、文化帝国主義に対する恐怖を表したものだ。しかし、その文化帝国主義を中国に限らず、他の文化にもあてはめるだけの柔軟性を欠いている。彼のような片寄った考えを少しでも解き放つことが私の役目でもあると、自分に言い聞かせた。

5　文化と経済

言語の討論では、グローバリゼーションの中でカチンの伝統文化をどうやって守るか、といった議論がされた。急速な中国経済の進出で、生徒達は近代化を肌で感じている分、議論は白熱した。私はさらに議論を深めようと、文化と経済はどちらが重要なのかたずねてみることにした。

「カチン州のグローバル化が進む中で、今のカチンにとって文化と経済のどちらが重要だと思いますか?」

この質問でまたまた生徒達の意見は真二つに割れ、文化派対経済派の熱い討論が始まった。討論は時間内に終えることができず、翌日に持ち越されるまで沸騰してしまった。そして私自身も、この議題は常に頭の中で思いめぐらせていたものだったので、討論の議長役もほどほどに夢中になってしまった。

討論の要約は以下の通り（経＝経済派、文＝文化派、私＝議長である私）。

経：私達に今お金がなかったら、何もできない。教育も受けられない。カチンを守るための武器も買えない。文化だけでは私達は生きていけない。

文：人間は文化なしには生きていけない。すべての民族は文化を持っている。私達にカチン文化があるからこそ、今ここで学校に通うことができる。

私：文化とは、一体、何なのでしょうか？

文：人間の生活習慣。生活様式みたいなもの。

経：そうだ、人間の生活様式を維持するためにはお金が必要だ。家、服、食べ物、お金がなくては生活様式もないだろう。

私：文化とお金、人類の歴史でどちらが先に存在していたのでしょう？

文：文化だ！　この事実こそ、人びとはお金がなくても生きていけるという証明だ。現在でも、原始的な生活を送る村では、お金など存在していないはず。彼らは、文化によって生きているのだ。

経：現代社会で、文化だけで生きるなんて不可能だ。マエジャヤンに来ている中国人がよい例だ。彼らはお金のためにカチンに来ている。カチン語にもカチンの文化にも興味なんてない。私達に経済力がないから、彼らがカチンに入り、カチンの文化が破壊されている。だから、経済力さえあれば、文化を維持することもできる。アメリカは経済力があるから、アメリカの文化に皆惹かれる。カチンの文化を広めるためにも、お金は必要だ。

文：マエジャヤンにいる中国人が、カチン文化に少しでも興味を持ってくれたら、それか、私達が中国語をもっと話せたら、カチンの文化が破壊されることはないはずだ。お互いの文化理解が先にあれば、経済による文化破壊は食い止められる。

経：経済の方が、異なる文化が交じりあううえで便利だ。ヨーコー先生（生徒達の間で私の呼び名は、Teacher Yōkōだった）だって、カチン州に来るためにお金を払ってきた。そのおかげで私達は日本について知ることができる。ヨーコー先生がお金を持っていなかったら、私達は日本の文化を知る機会をえることができなかった。

私：たしかに、私がお金を持っていなかったら、ここに来ることはできませんでした。しかし、なぜ私が、ここに来る飛行機のチケットを購入するためにお金を払ったのか考えなければなりません。

文：そうだ。ヨーコー先生が、カチン文化に興味を抱かなければ、お金を支払うこともなかった。お金より先に、ヨーコー先生が抱いた私達に対する興味のほうが先にきている。だから、文化のほうが重要だ。

経：もし、ヨーコー先生が一〇年前に来ていたら、紛争中で、私達がこうやって話すこともできなかったはずだ。カチンの大半が、空腹と病気で生きることで精一杯だった。そんな時、日本の文化に興味を持つ時間などない。その当時、私達がヨーコー先生に求めるであろうものは、知識ではなく、生きるための救援物資だ。経済的な救済がない限り、文化に興味を持つ余裕なんてない。ビルマ内で現在も紛争中の飢えた子ども達に聞いてみればわかるはずだ。お金がほしいのか、文化が欲しいのか。

文：私達が幼いころ、お金のことなんて気にしなかった。家族や友達と一緒に居ることが幸せだった。家族や友達から文化を学び、同胞意識が芽生えるのだ。そこにあるのは、お金で作られた人間関係でもなければ文化でもない。

経：それは、家族や社会にお金があるという前提で成り立つものだ。私達が幼いころお金を気にしないのは、お金によって食べ物や服を購入することで、私達の両親が育ててくれたからだ。
文：経済発展によって、たくさんの文化が失われてきた。アメリカの経済発展はネイティヴの文化を犠牲にした。お金は文化にとって脅威だ。
経：だからこそ、私達がお金を稼いで、カチン文化を守る必要がある。
私：経済が文化を破壊するというのはとても重要な問題です。経済と文化の決定的な違いは何でしょうか？　なぜ、経済のグローバリゼーションのほうが、速く伝わるのでしょうか？
経：お金は何処にでも存在するから。どの異なる文化の人でも、共有できるものだからです。
私：そうです。お金は普遍的なものです。文化はどうでしょう？
文：個々によって独自性があって異なります。
私：異なった文化がたくさんある中で、どの文化が一番優れているか比較することはできますか？
文：できません。私達が着るドレスがシャン族の物より優れているかどうかなど、比べようがありません。
私：経済のほうはどうでしょう？　どの経済が優れているか比較可能でしょうか？
経：もちろん。一番お金を持っているアメリカ経済が一番優れているに決まっている。
私：そうです。それでも、世界の人はアメリカの文化に惹かれています。日本の若者の間でも、マクドナルドというアメリカから来たハンバーガーショップがとても人気です。どの文化が一番よいかなんて一つの物差しで計ることはできないのに、アメリカの文化が世界の注目を集める理由は、アメリカの経済力で簡単に説明がつきます。経済力は数値で比較可能なのに、比較不可能なはずの文化と、無意識の内に比較されてしまっている。この、グローバリゼーションがもたらす矛盾についてはどう思いますか？

経：お金が普遍的なものだからこそ、お金によって異なる文化が交じりあうことができ、世界が統一される希望がある。私にお金があれば、今すぐにでも日本に行って、紙幣を日本円に両替でき、日本の社会に入り込むことができる。でも、カチン語を日本語に両替することはできない。

文：でも、日本語がわからなければ、ちゃんとした友達もできない。日本人は、あなたがお金を持っているという事実しか気にしないだろう。お金で世界が統一されるほうが楽かもしれないが、その連帯感はとても表面的なものになる。すべての文化を学ぶのは不可能だが、その困難さをお金で補うことは危険だと思う。

というわけで、以上が二日間の討論を簡単に要約したものだ。生徒達の英語はまだまだ大雑把なので、ここで記しているほどはっきりと発言しているわけではない。各発言に私が、彼、彼女が述べようとしている内容をまとめ、わかりやすい英語にしてクラスに話してやらなくてはならない。もともと、人の話を真剣に聞くという習慣がないため、私に課せられた荷は文章に映るよりはるかに上回っている。それでも、慣れない英語で自己主張しようと試行錯誤している生徒の姿はとても輝いていて、それをうまく表現できないことが本当に残念だ。

この討論は、現実主義派（経済）と理想主義派（文化）とに置き換えることもできる。議論での私の発言からお察しの通り、私は文化派に属し、一〇〇％中立な議長になることはできなかった。しかし、現実主義派のほうが討論で有利になることはわかっていたので、私が少し理想主義派に回ることで、うまくバランスが取れるようにした。最初、生徒達の意見がどちらなのか、私は想像できなかった。カチンの歴史を見れば、経済的に無力な少数民族がゆえに迫害を受け続けたという現実がある一方で、カチンの伝統文化は根強く維持され、生徒達の精神的な柱になっているという面も無視できない。議題が単純といえばそうなのだが、単純だからこそ生徒も熱中できたのだろう。

最後に、私がこの議題について抱く思いを打ち明けることで、二日間の討論に終止符を打った。

「文化とは、人によって作られたものというより、人と密着してあるものです。お金は人によって作られたものですから、根本的に異なるこの二つを比較すること事態、無理なのかもしれません。たしかに、お金がなければこのグローバル化の中、カチンの文化を維持することはむずかしいかもしれません。カチン語やカチンの歴史を教える教育機関、カチンの伝統行事などを維持するにはお金がかかりますし、グローバリゼーションの脅威からカチン文化を守るにもある程度の経済力は必要です。しかし、忘れてはいけないことは、カチン文化を維持しようとする願い、カチン文化を守ろうとする思いは、あなた達のカチンへの愛着心から生ずるものであり、その愛着心なしには、自分達の子どもにカチン語を学ばせるためにお金を使おうとは思わないはずです。経済力あってこそ文化を維持できると思っているかもしれませんが、文化への愛着心なしに、その経済力を文化維持に使おうとは考えないのではないでしょうか。

私が一〇年前にカチンに来ていたらという話がありましたね。たしかに、あなた達が今、空腹で飢えていたとしたら、日本の文化に興味なんて持たず、私に物質的援助を求めるでしょう。そして、もし私がお米を大量に持っていたとしたら、あなた達に分けてあげるでしょう。なぜなら、私はあなた達の苦しみに共感するからです。この、共感や思いやりの心などは、日本の文化から学んだものです。人は他の人と共存することで文化を形成し、他の人とかかわりあうことで思いやりや共感の心が育っていくのです。つまり、もし私にあなた達を助ける物質的能力があったとしても、文化によって育くまれた精神的な心がまえなしには、私はあなた達を助けようとはしないわけです。経済発展が国を独立させ、お金が個人を自立させ、その個々のあり方が自己中心的なものになり、ついには共存の価値、文化の価値を薄れさせてしまうということが実際にあるのです。今ここマエジャヤンで行われている経済発展の脅威を、改めて違った目で見れば実感できると思います。

それでも、時々、私は迷うことがある。ある日、タイにいる現実主義の友達に言われました。『揺光が理想主義者で居られるのは、金銭的に余裕があるからだ。あなたのように、色々な国に行ける金銭的余裕があれば、私だって理想主義者になれたかもしれない。』たしかに私は、金銭的なことで実際に苦労した経験がないから、理想的な考えができるのかもしれません。自分に与えられた機会を最大限に生かすことが私の努めと信じて日々を過ごしていますが、それでも、説明のつかない、相反した感情に悩まされる時があります。世界に住むたくさんの苦しんでいる人達と接してきて、日本という裕福な国に生まれながらも、与えられた特権を素直に受け入れられない時があるのです。なぜ、私だけこんな特権があるのかなって、自分に繰り返し問いかける時が何度もありました。もし、私が困窮した日々を送っていたとしたら、今こうしてあなた達に理想的な意見を述べることはできないのかもしれません。むずかしいですね。」

文化派の生徒達は拍手喝采で、経済派は黙り込んでしまった。文化派が正しいなどと言うつもりはなかったのだが、そうとられても仕方のないスピーチだったかもしれない。私が言いたいことを生徒達がどこまで理解してくれたのかはわからないが、皆真剣なまなざしで聞いてくれていた。その分、曖昧な私は問いつめられた思いにかられ自己嫌悪に陥ってしまった。他の人にわかってもらおうと思うことはむずかしいことだと強く感じた。後で聞いた話によれば、生徒達はその日の晩、寮に帰った後も討論を続けていたらしく、そこまで生徒達が夢中になってくれたのなら議長としてもやりがいがあったというものだ、と胸をなでおろした。

6　結婚と家族観

話はそれるが、二〇〇四年四月の下旬、カチンの友人、ボークナーンから、結婚が正式に決まり、五月一二日に式を挙げるから出席してほしいと連絡があった。しかし、すでに予定が決まっていたため、断念せざるをえなかった。

ここに来る前年の二月にタイで会った時、結婚するかもしれないということを彼女はほのめかしていたが、まさか話が進むとは思わなかった。それには理由があるのだが、彼女が〝見合い結婚〟

をするということを考えに入れておけば、予期すべきことだったかもしれない。最初、彼女が見合い結婚すると聞いた時は、正直快く祝福してあげることはできなかった。しかも、ボークナーンは相手の男性とはまともに会話も交わしたことさえないというから、なおさらだ。「自分が決めた相手と結婚せずに、どうやって幸せになれると思うの？」と、彼女を責めたててしまった。彼女は不安な表情を浮かべていたが、それでも決心はついているようだった。「私も、もうすぐ三〇歳。これ以上独りでいることは親を不安にさせることになる。私の親戚が選んでくれた相手なのだから悪い人ではないはず。心配しないで。」育てられた環境の違いを肌で感じ、それ以上言葉を重ねられなかった。親から自立することが美徳とされた家庭や社会で育ち教育を受けてきた私には、理解に苦しむことだった。

スウェーデンでボークナーンと一番親しくしていたスイス人のミッシェルは、最初からボークナーンの見合い結婚には断固として反対していた。ミッシェルはメールで説得を試みた。「お見合い結婚なんて、自分の人生を棒に振るようなもの！」親友からの強い反対にもかかわらず、ボークナーンは動じた様子をあまり見せなかったが、ゆれているようだった。

結婚式の日程を知らせてくれたメールでも、彼女が二月に見せた不安は消えていなかった。「相手側の都合でこんなに急な日程で式が挙げられることになったの。結婚するなんて、実感がわかなくて変な気分。どうしても式に出席することはできないの？」スウェーデンで半年という期間であっても、西欧の学生と混じりあって過ごした彼女にとって、突然カチンの伝統社会に戻ることはある意味タイムスリップするようなもので、容易に納得できるものではないだろう。彼女の抱く憂鬱に少しく共感できる友人として、どうしても結婚式に出席したかった。

ミッシェルからもメールが届き、「私達クラスの代表として、結婚式に出席してあげて！　今カチンに行ける可能性があるのはあなただけなのだから！」とプレッシャーをかけられたが、よい返事をすることはできなかった。ミッシェルはボークナーンへの祝辞を私に託した。「どんなことがあっても、私の魂はあなたの中に宿っていることを忘れないで。」結婚の祝辞というより、これでは手術を受ける前の患者に宛てたような内容だ。それだけ、見合い結婚というものは私達にとって時代錯誤であり、個人の自由を放棄することと同一視してしまう傾向がある。

＊

この二月のボークナーンとの話を思い出し、私はグローバリゼーションによって生じる結婚観、家族観の変化をジャングル・カレッジの生徒達と議論することにした。結婚を社会秩序の条件として見るか、愛の結晶として見るか。見合い結婚が主流のカチン社会に住む生徒達にとってみれば、自分達の未来にかかわる重要な問題だと考えたからだ。

「結婚は家同士で決めるものか、個人の自由にされるべきか？」と生徒達に問いかけてみると、予想通り、ほとんどの生徒が個人の自由と答えた。「自分で選んだ相手と結婚しない限り、幸せになんてなれないと思います」と生徒達は答える。義務教育を終え、ある程度欧米メディアの影響を受けている生徒達にしてみたら、当然のことかもしれない。中国経済がマエジャヤンに進出して来たおかげで、ジャングル・カレッジでもハリウッド映画が観られるようになった。生徒達は毎晩、教員の宿舎にあるテレビとビデオデッキの周りを取り囲み、映画のアクションやラブストーリーに没頭する。英語力を養うために必死な生徒達だが、それ以上に映画から学んでいることもあるのである。

そこで、私は次の質問をした。「もし、あなた達の両親があなたが選んだ相手を認めてくれなかったら、どうしますか？　それでも、あなたの決断を貫き通すことができますか？」ここで生徒達の意見はほぼ半々に分かれた。特に女子生徒は、親の意見に従うという者が多くを占めた。二年生のカエラは「両親が悲しむようなことはしたくありません」と言った。私は彼女に質問する。「じゃあ、もしあなたが誰かを愛したとしても、それを諦めることができるということですね？」彼女は少し考え込み、軽くうなずいた。女子生徒の間でこういった意見が多くなるのは、カチンは〝男性支配型の社会〟だからではないか。タイのカレニ難民キャンプで聞いた話では、今までヨーロッパ人と結婚したカレニ族は男性であり、ヨーロッパ人の恋人を持ったことのあるカレニ族女性はいないという。

両親に歯向かってでも、結婚相手は自分の意志で決めるという生徒達の意見を聞いてみる。「もし、私の勝手な結婚で両親との仲が悪くなったとしても、両親との関係は一生続くものではありませんから、私自身の自由を貫き通すべきだと思います。」たしかに、かかわる時間で考えれば結婚相手のほうが両親よりも重要ということになるが、少し脱線してしまうので新しい質問をしてみる。「あなたが愛した相手と結婚したとして、その愛が永遠に続くという保障はありますか？」ほとんどの生徒は首を横に振った。女子生徒の何人かは愛が永続することを信じているようだが、男子生徒は皆、苦笑いしながら、「それは、むずかしいと思います」と答えた。「もし、その愛が短期的なものであるとしたら、どうやって家族の調和を長く保つのですか？」と問いかけたところ、生徒は無反応になってしまった。

「両親がお見合い結婚で結ばれたという人は手を上げてください？」と尋ねたところ、半分以上の生徒が手を上げた。そこで、手を上げた生徒達に問いかける。「あなた達の両親は、今幸せに暮らしていますか？」ほぼ全員がうなずく。「なぜ、自分達が望んだ結婚ではなかったかもしれないのに、あなた達の両親は幸せになれたのだと思いますか？」ここでも、また生徒達は沈黙してしまった。

実際、私にも答えが出せない。結婚観、家族観が個人主義化していくということは不安定さを常にともなうものだ、ということはわかるのだが……。それでも、グローバリゼーションによってもたらされる伝統を重んじる社会から個人を核とする社会へと移りゆく変化を理解するうえで、この主題は欠かせないものだ。簡潔に討論をまとめることにした。

「個人の自由を尊重することは、簡単なことではありません。個々の感情というものはとても不安定なもので、環境によっていくらでも変わるものです。その、不安定な人びとの感情を尊重する民主主義というシステムは、ある意味、とてもリスクがあると思います。ヒトラーが人心を集めることができたのも、元はと言えば民主主義という名のもとで情報操作と組織的宣伝を徹底したからなのです。一方で、世界に存在する様々な伝統文化に見られる普遍的な要素は、社会秩序の維持であり、それを最も重んじます。結婚前に人を愛するという行為自体が不道徳と見なされるほど、個々の感情は社会秩序にとって危険視されてきました。しかし、社会が近代化され、民主主義が広まり、個人の自由が尊重されるようになり、自由に自分の感情を表現できる社会になってきました。そこで、新たな課題に直面します。個々が不安定な異なる感情を思いのままに表現するようになったら、社会秩序はどうやって維持されるのか、という問題です。個人の自由を尊重するということは、誰かを愛し結婚することも自由な反面、その愛を諦め離婚することも個人の自由になるわけです。離婚は社会にとって重要な基盤である家族を崩壊させることになり、それによって被る問題には計り知れないものがあります。アメリカなどの先進国の離婚率が高いのも、自由主義の台頭の結果と見ていいと思います。

では、お見合い結婚で、なぜあなた達の両親は幸せになれるのかを考えてみましょう。今、あなたが伝統的な男女の価値観が支配する国に行き、そこの女性に『あなたを愛しています。結婚してください』と言った場合、大半の女性はあなたに振り向きさえしないでしょう。彼女達はこう返答します、『あなたが結婚前に私を愛せるということは、結婚の後、他の女性も愛せるということよ。』集団を重んじる社会では、結婚した後に初めて、人を愛するという行為が許されるのです。それは、結婚という社会的儀式によって社会的に認められた愛なのです。個の感情を社会秩序に組み込ませることによって、初めてその感情を社会にさらけ出すことができる。その結果、離婚率はアメリカや先進国と比べ、とても低いのです。そして、その社会に自分自身を置くことによって、幸福感をえることができるわけです。カエラが、両親を悲しませたくないと言いましたが、それは両親から家族の一員として認められず、社会から見離されてしまうという恐怖感があるからだと思います。」

＊

二〇〇四年五月一二日に籍を入れ、独身生活に終止符を打ったボークナーンにカチンで再会した時、彼女は新婚生活についてこう語ってくれた。「結婚前まではほとんど彼のこと知らなかったけど、今、彼が家からいなくなるととても寂しくなるの（彼女の夫は軍人）。こんなの初めてだわ。不思議ね。彼のこと、愛しているみたいだわ。」それを聞いてホッとしながらも複雑な思いにかられた私は、ボークナーンの新婚生活について同じく心配していたミッシェルにメールを送った。「ボークナーンは大丈夫。世界はまだまだ未知な部分がある。色々な恋愛があって、色々な幸せがあるみたいだ。」ミッシェルはこう返事をよこした。「スウェーデンであれだけ女性としての自立心を身につけたボークナーンが、これからカチンの伝統的な女性観と格闘していく姿が目に浮かぶ。私の知っている限り、彼女が典型的な主婦になんてなれるわけがないのだから。」たしかに、スウェーデンとカチンの狭間に立つボークナーンがこれからどんな女性像を築いていくのか楽しみだ。

ジャングル・カレッジの生徒の中にも、すでに見合い結婚が卒業後に控えている者がいた。校内で一番陽気な二五歳のカンモーは、「私がお見合い結婚するってみんなは知っているので、私に振り向いてくれる女子生徒がいなくて困っています」と苦笑いしていた。

ここで見合い結婚の討論をストップさせては、何の意味もなくなってしまう。この議論の延長線に、私は次なる議題を用意していた。

7　世代間の隔絶

生徒達が抱く集団主義よりも自由主義のほうが優れているという固定観念を、少しでも多方面から考えられるようにしてやるのが私の役割と思った。なぜなら、価値の多様化がここマエジャヤンでもこれだけ急速に進んだ現在、世代間の隔絶は避けられないからだ。両親と異なる価値観を持った場合、生徒達に必要なことは両親の言葉に聞く耳を持つことであり、その立場に立ってモノを考えられるようになることだ。

私は生徒達に思っていること、考えていることを自由に「自己主張作文」として書いてもらったのだが、この主題を選んだ生徒は数人しかいなかった。その内容はほとんど生徒側からの一方的なものだ。「昔のような古い結婚のしきたりで、若い世代を縛りつけることはよくない。若い世代がこれからカチン文化を受け継ぐためにも、結婚のしきたりを緩めることが必要だ」と書いたのは、二年生のナーンボークだった。同じく二年生のラウンは、「双方の両親の決断で、私の兄は結婚しなくてはならなかった。おかげで、兄夫婦は喧嘩ばかりしている。自分達の決めた相手ではないのだから当然だ」と世代のギャップに対し不満を募らせ、個人主義の尊重を両親に要求している。ここで、私は生徒達に問いかける。「あなた達の両親は若いころお見合い結婚に反抗はしなかったはずです。しかし、今あなた達の世代はお見合い結婚に対して違和感を持つようになった。そこで、考えなければならないのは、あなた達と両親の違いは一体何なのか？　なぜ、あなた達は両親達よりも個人主義的な考えを強く持つようになったのか?」

スヂリンは立ち上がって、「私の両親はまともな教育を受けてきませんでした。でも、私は教育を受け、個人主義的な考えを学ぶ機会がありました」。教育に視点を向けることはとても鋭い。しかし、教育がどうして個人主義的な考えをもたらすのか、もう少し深く考える必要がある。「教育は重要です。学校に通うことでどうしてあなた達が個人主義的になるのかわかりますか?」スヂリンは再び立ち上がり、「世界のことを学び、アメリカの民主主義や自由主義を学ぶ機会があるからだと思います」。間違いではないが、もっと重要な点を見逃していることを伝えたい。

「現在の教育があなた達にもたらすものは、個人の能力の向上です。あなた達は学校に通うことにより、隣に座っている友人よりも英語で優っているか劣っているかわかるわけです。教育によって個々の能力が試され、その能力を最大限に生かすことを義務づけられる。それによって、あなた達は両親の意見とは関係なく、個々の能力に応じて自分達の進路を模索するようになる。あなた達の大部分が、英語力を生かすために欧米の大学へ進学を希望しているのがいい証拠です。もちろん、結婚もその進路にそうわけです。あなた達の両親は、個人の能力を試される機会などなく、農業を引きつぐことだけが義務づけられたわけです。この違いはとても大きいと思います。」

ジャングル・カレッジに限っていえば、八〇人の生徒が英語力という一つの物差しによって計られているようなものだ。そして、若い世代が英語を学べば学ぶほど世代間ギャップを深くする。英語を身につけることにより欧米の大学への道が開けるばかりか、中国人によって運営されるマエジヤヤンのインターネットカフェで欧米メディアから情報を得ることができ、映画を観ることもでき、そして、私をはじめ欧米の特別講師達と日常会話を交わすことができるようになる。（私が来る以前にも、他のヨーロッパ諸国からジャングル・カレッジに教えに来た講師は何人かいた。）

英語を身につけることによって視野が格段と広がり、それにともなって、閉ざされたカチンで過ごし、外の世界についてはほとんど知らない両親との間で起きるギャップには計り知れないものがある。生徒の作文がそれを鮮烈に証してくれた。ある生徒は、「英語がわからなければ私達は目が見えないのと同じだ。何も知らないまま人生を過ごすなんて考えられない」。また、別の生徒は、「私達は両親の世代と比べ、大人びていると思う。私達は自立的にものを考えられるようになり、外の世界に目が向けられるようになった」。世代間の隔絶を越え、両親の世代を見下しているかのようだ。尊厳を失った両親が抱く無力感、羞恥心、失望感は私達の想像をはるかに超えるものだろう。

話はそれるが、世代間の隔絶はタイの難民キャンプでもはっきりと見ることができた。ほとんどのカレン難民は農民であり、農作物を耕作するスペースなどない難民キャンプで過ごし、国際NGOからの救援物資に依存する習慣を身につけてしまう。また、キャンプには入らず、山岳民族としてタイに暮らすビルマからの少数民族もいる。キャンプに入れば、農村形態の維持が難しくなるというのも理由の一つだろう。対照的にキャンプの子ども達は、国際NGOからの援助で教育を受けられるようになり、自立心を身につけ、外向きの興味がわき、農業を受け継ぐことなどを考える者は少ない。子ども達が新しい価値観を抱くことは、難民の伝統文化を維持するうえで脅威となり、成人世代は逆に伝統文化に固執し内向的になっていく。

紛争に巻き込まれ、農村での生活を台無しにされたうえに故郷を捨てざるをえず、タイのキャンプに避難した世代にとって、次世代に自分達の価値観、技術、文化を継承できない無力感とは一体どんなものなのだろうか。カレニ学生組織リーダーのエリザベスはこう話してくれた。

「ある国際NGOは農業実習を企画し、両世代が一緒に農業についての知識を学ぶことで世代間の隔絶を和らげようと試みました。しかし、思い通りに参加者を募ることはできませんでした。成人難民は、すでに救援物資への依存により働くという意欲さえ失われつつあります。意欲を失った両親を目の前に、子ども達が農業に興味を持つわけがありません。」

難民キャンプ内の整った教育制度には感心させられるが、難民キャンプ全体を見据えたうえで、バランスの取れた救済策がこれからの課題になるだろう。若い世代中心の難民救済には限界があるように思えた。このことは国際NGOを非難の対象にすべきではない。タイ - ビルマ国境の難民キャンプはもともと小規模の単位で分散していた。各キャンプはそれなりのスペースを確保し、農村形態を維持することができた。その散らばった小規模のキャンプを強制的に集め、家と家の間を二メートルくらいになるまで密集化したキャンプにしたのは、NGOでも国連でもなく、タイ政府なのだ。

エリザベスは続けた。「私達若い世代が新しい考えを身につけ、キャンプ内のリーダー達に話そうと思っても、なかなか聞き入れてもらえません。世代間の隔絶が、彼らの考えをより硬直化させているようです。」

ジャングル・カレッジのあるマエジャヤンもビルマ‐中国国境に位置することから、タイの難民キャンプと地理的条件が似ている部分があり、それゆえ若者が受ける異文化からの影響も似ているものがある。世代間の隔たりは社会が近代化していく過程で生ずるあたりまえのことだ。カチン発展のためには英語を話すことが絶対条件と信じ込んでいる生徒達にとってみたら、世代間の隔たりに対して一方的な考えを持ってしまうのは仕方がないだろう。しかし、生徒達が客観的にこの現象を見つめられることが、どれだけ大切なことか伝えたい、彼らの家族のために、そして彼らの将来のためにも。

「英語が話せなければ目が見えないのと同じだと書いた生徒が何人かいました。ということは、あなた達の両親は目が見えないということですか？　また、ある生徒は、両親の世代よりも、君達の方が自立し、世界の知識にも富んでいるから大人びていると書きました。君達は英語が話せ、インターネットにより世界の情報をつかむことができるが、君達の両親はそれができないため、君達のほうが優れていると言っているように私には読み取ることができます。目が見えなくなりたくないと言いますが、あなた達が目が見えない人より優れているという証拠はどこにもない。目が見える人に見えないものが、目が見えない人には見えるということもあるのです。

能力というのは必ずしもよい影響を及ぼすとは限りません。私達には視力があるから、見なくてもいい物まで見てしまうことがあります。極端な例をあげるとすれば、もし私達が皆まったく目が見えないとしたら、人種差別は今ほど残酷なものにはなっていなかったかもしれない。英語の能力も同じです。英語のおかげで君達はたくさんの情報を手にすることができるようになった。

しかし、そのおかげで、不要な情報まで収集してしまうことになりかねない。色々な情報操作や組織的宣伝に利用されてしまうかもしれない。あまりにも膨大な情報の渦に飲み込まれ、足元を見失ってしまうかもしれない。色々な事柄に好奇心を抱くことはいいことですが、すべてを知ろうとする必要はありません。すべてを知っている人間なんていないのですから、あなたが何を知りたいのか考えることが大事だと思います。

あなた達が両親の世代よりも優れているという考えは危険です。あなた達の両親は目が見えないのでもなければ劣っているわけでもない。あなた達がそう考えてしまうのは、二つの異なる人間性を一つの物差しで計ろうとするからです。たしかにあなた達の世代は両親達の世代と比べ、あまりにもかけ離れた境遇を生きている。あなた達が知っていることをあなた達の両親は知らない。逆に、あなたの両親が知っていることを、あなた達は知らない。どちらが優れているかという問題ではなく、双方にとてつもなく大きな隔たりがあるということだけです。そして、この隔絶がとても大きな問題なのです。この問題の唯一の解決策は、あなた達がこの学校で体験したことを両親に話すことです。見たこと、感じたこと、聞いたことのすべてを話してください。カチンが近代化していく中で、君達の両親の世代は新しい文化へ適合することに対して抵抗感があるはずです。君達が話すことで、少しでもその抵抗感を和らげてください。そして、君達の両親がこの近代化に対してどう感じているのか聞いて、共感してください。そうすれば、英語がわからないことが決して目が見えないということではないことがわかるはずです。」

なぜか、力が入ってしまった。最後に、去年、留学先のスウェーデンで起きた悲惨な殺人事件を生徒達に紹介することで、この討論に終止符を打つことにした。

二〇〇二年一月、スウェーデンのウプサラ市で女子大生が父親に射殺されるという事件が起きた。殺人の動機は、女子大生が父親によって取り決められた見合い結婚を拒絶し、両親の承諾なしにスウェーデン人の彼氏と交際をしていたからだという。このクルド人一家は一〇数年前にスウェーデンに難民としてトルコから移住し、ウプサラ市周辺にあるクルド人住居区で暮らしていた。スウェーデン入国時、被害者の女子大生はまだ二歳だった。そのため、彼女はスウェーデンの学校に通い、流暢なスウェーデン語を身につけ、スウェーデンの文化にすっかり適合してしまった。逆に両親は、祖国トルコで少数民族として迫害を受け、行きたくもないスウェーデンに避難せざるをえず、スウェーデン語を学ぶ動機もスウェーデン文化に適合する意欲もなく、クルドの伝統文化を継承することだけが望みだった。女子大生が見合い結婚を拒否し、スウェーデン人の彼氏と交際していることがスウェーデンのクルド人コミュニティに知れわたるところとなり、一家は追放に近い制裁を受けることとなった。羞恥心に満ちた父親は、まともに近所を歩くこともできなくなり、長年クルド文化を維持してきた努力が水泡に帰した。クルド社会で家族が背負った〝恥じ〟を拭い去る唯一の方法は、〝恥じ〟の根源を消し去ることであり、それは娘を殺すことを意味した＊。

＊家族の〝名声〟を維持するため、恥じをかかせた家族の一員を殺すことは、〝honor killing〟名誉殺人と呼ばれ、イスラム社会の一部などで正当化された慣例である。女性の権利侵害の象徴として欧米諸国から厳しく非難されている。

犯行後、父親はこう供述した。

「娘が生きている限り、私達家族はこの社会で生きていくことができなかった。私達が死ぬか、娘が死ぬか、どちらかだった。私は娘を殺すことで、スウェーデンの法律を破ったが、娘は家族の法律を破った。私にとって、家族の法律のほうがより重要だった。」

伝統文化と近代的文化という二つの正反対の価値観が、同じ屋根の下で許容されず、衝突し、一つの家族が破壊されてしまった。この事件で、スウェーデンのメディアは父親の所有欲や残虐性を非難し、女性の権利侵害の象徴として世界にアピールした。たしかに、"honor killing" 名誉殺人は女性に対する差別行為を正当化するもので、非難されるべきことだ。しかし、この事件は単なる名誉殺人として扱われるべきではない。それはあまりにも事件を一面的に見すぎている。この事件の本質は、単に女性の権利侵害というより、グローバリゼーションがもたらす世代間の隔絶が極限に達した結果と見るべきだ。私達が認識しなければならないのは、グローバリゼーションが加速すればするほど、この一家のような悲惨なケースがこれから増えていくという事実だ。父親はただクルド人として生まれ、クルド人として生活し、クルド人として死にたかったという思いを貫き通した結果、娘を殺さざるをえなかった。女子大生の妹は、事件後泣きながら、「パパは姉を愛していたと思う。でも、その〝愛〟は、スウェーデンで受け入れられるものではなかった。パパだって、この事件の被害者だ！」と訴えた。

この事件以来、私は移民、難民が増加する中で起きる社会現象に関心を持つようになった。様々な価値観が想像を上回る速さで混じりあっている現代社会で、社会の最も基本的な単位である家族がどうやってアイデンティティを保つことができるか、考えさせられる。この一家も難民だったという事実を考えれば、タイの難民キャンプ、そして、三〇年以上も紛争を続けているここカチン州でも、似た経緯を辿るのではないかと危惧してしまう。生徒達は黙って私の話を聞いてくれた。

タイのカレニ族難民キャンプで高等教育を終えた一八歳前後のカレニ青年達が、ボランティアで母語の識字力のない三〇代、四〇代の成人難民に文字の読み書きを教えていた。（カレニ族難民キャンプの成人の識字率は二割とも四割とも見積もられるほど低い。）自分達の子ども達から母語の読み書きを教えてもらうことに何の抵抗や違和感もない様子で、たくさんの難民が一生懸命ノートに鉛筆を走らせていた。年齢差を超えた自然な光景が胸を打つ。こういう草の根レベルから行動を起こしていくことが支援の最良の方法だ、と痛感させられた。行動を起こすためには、まずことの内実をよく見極めなくてはならない。

実際、私が、この日本語のレポートを書き始めたのも、年に一、二度しか顔をあわすことのない両親に自分の初めての体験を知らせたいという理由からだった。そして、私がどんな所へ行き、たくさんの様々な経験をしようとも、私にとっての一番の精神的なより所は、結局、無条件な愛を常に与え続けてくれる家族なのだ。世界が混じりあうことで、家族が崩壊するという現実ほど悲しいものはない。

8　男性支配社会か男女平等社会か

ジャングル・カレッジに来て気づいたことの一つに、男性支配の濃さがある。校内の仕事の分担を見ても、教員宿舎の掃除、教員の食事の準備、校内の花の手入れなどは女子生徒が受け持ち、農作業などの力仕事は男子生徒に割り当てられている。夕方以降、男子立ち入り禁止になる女子寮は校舎から少し離れた位置にあり、隔離されている感がある。消灯は女子寮の方が二時間早く、一〇時に就寝が義務づけられている。去年までは、食事は男女別々に取らなければならず、男女が交流する時間は大変限られていた。でこぼこのグランドで毎日サッカーに没頭するのは男子生徒だけで、体を動かす女子生徒はまれである。私がタイから持ってきた野球道具で生徒を誘っても、ついて来るのはむさくるしい男子生徒がほとんどで、女子生徒は試合を観戦するのを楽しむだけ。教室の席の配置でさえ、女子生徒は前に座り、男子生徒は後ろと決められているようだ。

　校長先生の伝達役として生徒達をまとめる役目は、ジャングル・カレッジ開校以来常に男子生徒が勤めて来た。これらの疑問を校長先生に聞いてみても、「花や料理に興味があるのは女子生徒だけですから。もともと、恥ずかしがり屋の女子生徒は運動やリーダーシップには興味がありません」。こういった考えをする校長先生だが、それでも男女平等にまったく関心がないわけではない。「生徒達の料理分担は男女平等にやらせてます。毎日、交代で男子二人、女子二人が協力して自分達の食事を準備します。」ジャングル・カレッジの女子生徒数が男子生徒数よりも二〇人少ないことを考慮すれば、この方法では女子生徒に余計負担がかかってしまうことくらいの計算はできるはずだが……。

長い間、外の世界から遮断されていたカチン社会にとって、男女平等などという言葉は聞き慣れないのも無理はない。カチンの統治機関であるカチン独立機構（ＫＩＯ）の幹部の顔ぶれを見ても女性の存在は皆無だ。二年生のルーセングの父親はＫＩＯの幹部を二〇年以上努めている。私は、「お父さんみたいにＫＩＯで働きたい？」とルーセングに尋ねてみても、「幹部になれるのは男性だけですから」と簡単にかわされてしまった。ＫＩＯがゲリラ組織だと考えれば仕方がないという気もするが、これからカチンがグローバル化していく中で、男性支配型社会を維持していくことはより困難になってくるだろう。

そういうわけで、男性支配社会から男女平等社会への移行について討論することにした。男女平等という主題で討論すれば、ふだん無口な女子生徒の態度にも、少しは変化が見られるかもしれないという期待もあった。

講義を開始して、私があまりにも楽観的だったということを痛感させられた。「男女平等社会についてどう思いますか？　カチン社会は男女平等だと思いますか？」と切り出したのだが、男女平等など聞いたこともないといった様子で、ほとんどの男子生徒はあっけにとられていた。おそらく、日本の高校生に同性愛者の権利を紹介しても同じ様な表情になるのではないか。カチンの歴史を考えれば、男女平等というリベラルな考えを受け入れられる環境が整っていないのは当然なのかもしれない。

肝心の女子生徒は不満をぶつけるどころか、私と目をあわせないように、いつも以上に顔をうつむかせてしまった。まるで、女子生徒が男子生徒の前で意見を述べることはご法度であるかのようだ。おかげで討論が停滞してしまい、まるで踏み入れてはいけない地を放浪しているかのような気分になった。しかし、ここで怯んでしまったら、私がカチンに来た意味がなくなってしまう。この大きな壁に少しでも穴をあけてから、カチンを去りたかった。

質問を変える。「なぜ、この広い地球上にあるほとんどの社会で男性支配が強まったのでしょうか？」あっけにとられていた生徒達の中から、やっと発言が出てきた。雑学王でもあるスヂリンは、「男の方が戦闘に向いていたからだと思います」。彼なしでは、私のジャングル・カレッジでの講義はこれほどスムーズに運ばなかっただろう。私は、「今に至るまでの人類の共通の願いは、自分達の社会を敵から守ることでした。では、なぜ、男の方が戦闘に向いていたのでしょうか？」単純な質問だったが、重要なポイントなので、生徒達にしっかりと考えてもらいたかった。スヂリンは平然と答える。「男の方が体力で女より勝っているからです。」

そんなやりとりを続け、欧米の動きにつなげる。「今現在、ヨーロッパでは、男性支配社会は維持されていると思いますか？」再びスヂリンが立ち上がる。「いいえ。男女平等社会へと変わりつつあります。」ここまで来て、初めて用意していた問題を生徒達に投げかけることができる。

「では、なぜ、二十世紀になって初めて、男女平等という新しい考えが生まれてきたのでしょうか？　民主主義を掲げてきたアメリカでさえ、女性が投票権をえたのは、独立して一四〇年以上たった一九二〇年のことでした。女性国会議員の割合が四割と世界で上位を占め、男女平等社会の模範となっているスウェーデンでも、一九二一年まで女性は投票ができませんでした。一体何がこの女性革命を起こさせたのでしょうか？」

生徒達は沈黙を保った。それでも、女子生徒の目つきが変わってきているのがよくわかった。彼女達自身の将来の問題なのだから、興味がわかないわけがない。

「一つには、二〇世紀になって女性にも教育の機会が広がり、女性が自分達の権利を主張するようになりました。そして、情報化社会と言われる今日、女性にとって社会進出の道が広がっているわけです。もちろんここに来るまでには、女性達の長い闘いの歴史があるわけです。

もう一つ、第二次世界大戦以来、ヨーロッパ諸国の戦争はなくなりました。戦争ほど、男性支配を強くさせるものはありません。たとえば、韓国の経済はアジアの中でもトップクラスですが、半世紀近く北朝鮮と事実上戦争状態のため、ほんの一〇年前まで政治の実権を握っていたのは、常に軍部出身者でした。一方で、男女平等社会で知られるスウェーデンを例にあげれば、ここ二〇〇年近く戦争に関与していないのです。そのおかげでシビリアンコントロールが強くなり、男性に支配される軍部の政治力はほとんどなくなり、女性の自立心を向上させ、たくさんの女性国会議員を輩出する一つの要因となっています。」（もっとも、スウェーデンの男女平等社会を説明する際、比例代表の選挙制度や様々な福祉政策、全労働人口に女性の占める割合を無視することはできないが……。）

さて、今度は生徒達にカチンについて語ってもらわなくてはならない。

「カチンはヨーロッパ諸国のように、男女平等に移行すべきだと思いますか？　それとも男性支配のままでいるほうがよいと思いますか?」この質問を生徒達にしたことは、これから私はずっと悔やみ続けるだろう。私はいつもの討論のように、男女平等派と男性支配派に分かれ対面するようにした。生徒達がとった行動は、一度は乾いた冷や汗を再び溢れ出させることになった。男性支配派は男子生徒が、男女平等派は女子生徒が占め、一人の例外もなく男女は分かれた。女子生徒が男女平等への思いを示せたことはよかったが、男女間で亀裂ができてしまうのはよくない。男子生徒の中に男女平等派がいたとしても、おそらく女子生徒の間に一人で入っていく勇気はないだろう。〝男女平等は女性の考え〟〝男性支配は男性の考え〟というステレオタイプが生徒の間で確立されたら、私がカチンに来た意味がない。それればかりかかえって悪循環になりかねない。もう後戻りもできなく、討論を続けた。私が男女平等派につくことで、少しでも和らげよう。

男子:私達の独立が達成されるまでは、男性支配社会を維持するしかありません。男がカチンのために闘い、女は家で子どもを育てるのが理想的だと思います。(カチン軍には女性兵隊はたくさんいるのだが……)

私:何か反論はありませんか?

女子:(沈黙)

男子:カチンの女性は男性と比べて教育水準が低いので、男性が実権を握ることは仕方のないことだと思います。

女子:(沈黙)

男子：男性支配型になるのは、私達が女性を深く愛しているという証拠です。私達が世話をしてあげようという親切心からきているわけですから。
男子：女性は危険な考えを思いつきやすいので、意見を主張させないほうがいい。
男子：女子生徒が何も反論できないということは、彼女達の本心は男性支配型がよいと思っているのだと思います。

女子生徒達が沈黙していることをいいことに、男子生徒が調子に乗り始めた。私はどうにか女子生徒に話してもらおうと、「このまま、男子生徒に言われっぱなしでいいのですか？」と言う。なぜここまで沈黙し続けていられるのだろうか、とてもじれったく感じた。ようやく二年生のトイジャが立ち上がって、「男性も女性も違う形で社会に貢献しているわけだから、平等に扱われるべきです」。男子生徒はすかさず反論する。「男性の受け持つ仕事の方が社会への貢献度は高い。女性は家事をするだけで、それほど社会に貢献しているわけではない。」家事をまともにしたこともない男子生徒が、無礼きまわりない発言をしているのにもかかわらず、女子生徒は打ちのめされたかのように、再び沈黙と化していった。

主題を女性の権利にすれば、女生徒達の発言が多くなり主張が高まると期待したのは、あまりにも楽観的すぎた。カチンのような伝統社会では、女性が男性に意見することはその男性に恥をかかせることになり、理想的な女性像とは物静かに従順でいることなのだ。タイのカレニ難民キャンプで、カレニ学生組織リーダーのエリザベスから、とても面白い話を聞いた。

「私達の社会では、男女の恋愛は必ず男性の行動から始まるのです。男性が憧れの女性に手紙を書き、女性はその男性から少なくとも三通以上の手紙を受け取るまでは、返事をしてはいけないのです。もし、女性がある男性に恋心を抱いたとしても、それを男性に伝えることは下品な行為と見なされます。おそらく、その女性は周りから白い目で見られることでしょう。女性は男性の告白を待つことを定められ、仮にA男子を愛していたとしても、B男子から告白され、A男子からの告白の見込みがない場合、B男子の告白を承諾しなくてはならない場合もあるのです。そして一度交際が始まったら、女性はその男性と関係を保つことが義務づけられ、一人目の恋人と結婚するということが女性にとって最高の美徳とされているのです*。」

*少数民族のビルマ人化政策の一つとして、ビルマ軍兵が少数民族の女性と結婚した場合、その兵士には報酬が与えられる。そのため、ビルマ軍兵が少数民族の女性と結婚する手段として、女性の不意をついてキスをし、結婚をせざるをえない状況にさせることもあるらしい。一度、他の男性とキスをした〝下品〟な女性を嫁にする男性はいないからだという。

エリザベス自身、一四歳の時に三通のラブレターをもらった彼と、二五歳になった現在でも交際を続けており、難民キャンプ内では有名なカップルとなっている。「一一年も同じ彼と付きあい続けてきたおかげで、キャンプ内ではとても信頼され、皆私のことを理想の女性像として見てくれます」と、照れながら語ってくれた。

カレニ社会とカチン社会を同一視するつもりはないが、こういう傾向は伝統社会ならどこでも見られるものであり、カチン社会でも例外ではないだろうか。そう考えれば前述した、カチンで見合い結婚が主流になるのも説明がつく。

議論は再び停滞した。仕方なく討論を中断、冷や汗を拭うことにした。唯一の成果は、女子生徒が男女平等社会への願望を曲がりなりにも示せたということだ。そのうちの何人かは興味のある視線を私に向けてくれていた。発言という形にならなかったのがとても残念だ。しかし、発言だけが自己主張の方法ではない。彼女達がこの討論についてどういう考えを持っているのか、「自己主張作文」に書いてもらうことが私にできる最後の抵抗だ。ここである男子生徒が、「女子生徒専用の主題ですね」と、つぶやいた。私は少し口調を強めた。

「女性の権利は女性専用の問題でしょうか？　カチンの自決権はカチン族だけで解決できる問題でしょうか？　女性の権利も同じです。男性と女性が一緒に話さなければ解決にはならない。現実に、こうして男女平等を願う女子生徒がここにいて、あなた達男子生徒と共存する運命にあるわけです。女性の問題は、男性の無関心からくる。子どもの問題は、大人の無関心からくる。カチンの問題は、ビルマ軍事政権の無関心からくる。だから、カチンがこれから男女平等社会へと転換するにつれて、変らなければならないのは男性のほうなのです。これからずっと、カチンが男性支配型社会を維持できるなどという幻想は抱かない方がいい。男女平等社会へ向けて、女性は自己主張する力が必要になりますが、男性はその主張に対して耳を傾けられる能力が必要になってきます。」

9　生徒の「自己主張作文」

男女平等についての討論ではあまり話せなかった女子生徒達が、すばらしい作文を提出してきた。（面白いことに、この主題を「自己主張作文」に選んだ八人の女子生徒はすべて成績優秀者だった。）それはカチン男性支配の型に対して、今までたまっていた彼女達の不満をぶつけることとなった。

センカム——カチン社会の男女間の亀裂

二年生のセンカムは、私に作文を提出する際、「今まで、こんなこと考えたことありませんでした！　本当にありがとうございます」と、言って来た。彼女の作文は一番長く、読むほうとしては大変だったが、カチンに来た甲斐があったというものだ。要約すると以下の通りである。（カチン族は熱心なキリスト教徒ということに注意。）

「私達は皆、神によって平等に造られたにもかかわらず、カチン社会は、教会、教育、社会、経済、家族の五つの面で男女間の亀裂があります。教会の儀式は、常に二人の男性牧師によって仕切られます。男性と女性一人ずつにできないものでしょうか。教育面でも、男性優遇措置が取られます。私は医学部に進学したいのですが、女子の受験生の求められる成績が男子のそれよりも高いのです。家族内も男性優遇です。私が父に医者になりたいといっても、私は男でないという理由で聞き入れてもらえません。日常生活でも、女性は家事と育児に努めなくてはならない。それによって、女性の雇用機会は皆無に等しい。私達は隔離されるべきでなく、神の定めのように男性とともに平等に扱われるべきです。」

授業中、一言も話さなかった彼女だが、本当に驚かされた。私は感謝をこめ、作文の裏に一言書いた。

「すばらしい作文をありがとう。カチンの男女平等は長い道のりになると思うけど頑張って。」

ナーンボーク——カチン社会の一夫多妻制

常に私の話を真剣なまなざしで聞いてくれる二年生のナーンボークは、カチン社会の一夫多妻制について書いた。彼女の作文を読むまで、私はカチンに一夫多妻制があるとは知らなかったので驚かされた。もちろん、あくまで表に出ないところで存在している。

「私の叔父には三人の妻がいます。彼は大変お金持ちなので、貧困に苦しむ女性は皆叔父にすがりつこうとします。叔父は三人の妻を、もてあそんでいるように見えます。このままでは、女性は男性の道具にされてしまう。女性はこれからあらゆる面で努力して男性から自立しなくてはならないと思います。」

思いおこせば、教室外で男子生徒によく聞かれる質問は、「先生は何人彼女がいるのですか?」だった。私はてっきり、彼らが私のことをかっこいいと思っているから、こんな質問をしてくるのかなと誇らしげに思っていたのだが、彼女が一人もいないということを伝えると、彼らは深く同情してくれ（余計なお世話なのだが）、「それは、寂しいですね。私達は学校外に彼女がいるのですよ」

と、誇らしげに自慢してくる。

ナーンボークとセンカムという二人の女子生徒の存在は、他の女子生徒を勇気づけるよい刺激となっていた。友人ボークナーンは、二人についてこう語ってくれた。

「校内で一番美人のあの二人が成績でも一番ということは、他の女子生徒にとってとてもよい模範となる。カチン社会で美人の女性は、裕福な家庭に嫁入りできるから、美容にばかりこだわって勉学に励もうとしない。これからあの二人が、新しいカチンの女性像を描いていくことを願っている。」

私はそれとなく、ナーンボークに彼氏がいるか尋ねてみた。「男子生徒は私を相手にしてくれません」と、彼女らしい謙遜した答えだった。複数の彼女を持つことに男らしさを追及する男子生徒が、一夫多妻制を批判するナーンボークと釣りあうわけがない。ナーンボークが男子生徒の憧れの的になっているのは明らかだ。知性と自立心に満ちたナーンボークのような女性が男性の憧れの的になるということは、男性が持つ理想の女性像にも少し変化の兆しがあるということか。

ラォン――女性の政治参加と〝女性にしか見えないもの〟

英語の文章力、発言力では二年生のほうがどうしても優位になってしまうのだが、自己主張では一年生は二年生に負けてはいなかった。男女平等の主題を選んだ八人の女子生徒の中で、もっともリベラルな意見をしたのは、女子生徒の中で最年少、一七歳のラォンだった。彼女は女性の地位向上とカチンの独立運動を重ねあわせた。

「カチン独立機構の幹部は男性で仕切られている。もし、女性が幹部の地位を占めることができれば、カチンの政治紛争はもっとスムーズに解決するだろう。すぐ機嫌を損ね、武力で紛争を解決しようとする男性達では、カチンに真の平和をもたらすことはできない。彼らは、娯楽に没頭し、麻薬や酒におぼれた者ばかりだ。落ち着いた話しあいで政治的和解に到達するには、今こそ女性が立ち上がるべきだ。」

私は母から、「戦争は常に男性に仕切られている。女性が支配すれば世の中は平和になる」という考えを教えこまれてきたためか、ラォンの作文は日本にいる母を恋しくさせた。

たしかに、カチン社会では喫煙、麻薬は男性の特権であり、女性が煙草を吸うことはご法度とされている。ビルマはアヘンの生産量では世界有数の量を誇り、麻薬取引はいくつかの少数民族にとっては独立紛争の重要な資金源だった。長年の紛争の中で、アヘンにおぼれるカチン兵は後を絶たなかったという。校長先生も、「若いころは、アヘン中毒で大変でした。いくら勉強しても、その勉強したことが紛争のおかげで何の役にも立たないのです。溜まったストレスを癒してくれるのはアヘンだけでした」と、暗い過去を明かしてくれた。

ラォンの主張はこれからのカチンの女性の地位向上にとって、とてもよい刺激となるだろう。女性が政治に参加することが社会にとって有益になる、という意見だ。実際、私自身、今回のタイ-ビルマ国境での難民の子どもの実態調査の際でも、女性にしか見えない社会問題があるということを痛感させられた。難民キャンプ内での孤児、幼児虐待や不登校、不就学問題、少年非行などについて、カレン族キャンプ委員会と教育委員会の男性幹部などにインタビューしたところ、「特に目立つ問題はありません」との話だった。難民キャンプ内の教育制度の充実ぶりに感心させられていた私は、彼らの言葉を素直に受け止めていた。しかし、それがとんでもない間違いだったことに気づかされたのは、難民キャンプ内の女性達で組織されるカレン女性組織の幹部にインタビューした時だった。組織の書記を務める、二六歳のモーモーはこう語ってくれた。

「難民キャンプの学校にいけない子どもはたくさんいます。孤児は他の子ども達からいじめの対象にされ、親戚から邪魔者扱いされ、強制労働させられ、虐待を受けるケースまであります。こういう子ども達は喫煙、飲酒、盗難などの非行にはしります。一番の問題は、難民キャンプ内の子どもの権利侵害が表沙汰にならないということです。キャンプ内の治安を管理する安全委員会のメンバーはすべて男性です。もし、女性が家庭内暴力を受けたとしても、男性に支配される安全委員会には訴えづらいものです。そして、子どもの権利侵害を訴えることができるのは、日々、主婦として子ども達と一緒に過ごす女性だけです。その、女性の声が反映できるシステムが確立されていないため、キャンプ内の子どもの権利は軽視されてしまいます。」

難民キャンプのあらゆる組織は男性によって取り仕切られ、カレン女性組織は唯一、女性が先頭にたって運営されている組織である（タイのカレニ難民キャンプにもカレニ女性組織がある）。女性と子どもの権利を守るため、そして、男性支配の難民キャンプ委員会に少しでも女性の意志を反映させるために発足したカレン女性組織を訪れ、私は初めて〝女性にしか見えないもの〟が存在するということを実感させられた。別れ際に、「日本も、男性支配社会によって隠蔽されてしまう社会問題を女性が社会進出することによって表面化させてくれたら、もっと住みよい社会になると思います」と告げた。

ラォンの作文に話を戻す。私は、「この作文を、カチン独立機構に送ってみたらどうだろう？」と、冗談交じりで促してみたら、「そんなことしても、無駄ですよ」と、彼女は苦笑いしながら答えた。

センブー――男性支配社会が男性にもたらすものとは？

男女平等をテーマに選んだ八人の生徒の中で、私に一番教訓を与えてくれた生徒は、ラォンと同じく一年生、一八歳のセンブーだった。彼女の魅力的な感性が、今回の自己主張作文で一層溢れ出てきた。彼女の主張を要約すると次の通り。

「一般の人は、たいてい男性支配社会は女性にとって不平等だと批判しますが、私は、男性支配社会は男性にとっても不平等だと思う。私のお父さんは、家庭内のことをすべて取り仕切らなくてはならないという重圧にさらされ、常にストレスを溜め込んでいた。そして、お父さんは可哀想なことに、その精神的な疲れを私達に伝えるということができなかった。男性は強く生きることを宿命づけられているため、人に弱みを見せることはできない。もし、お父さんがお母さんに少しでも弱みを見せることができたなら、家族はもっと幸せになれたと思います。痛みを分かちあえる家族が私にとって一番理想的です。」

私は感動のあまり鳥肌が立ち始め、体が震えているのがよくわかった。底知れぬ共感性が詰まった文章であり、男女問題を男性の視点に立って考えるという、鋭い感性をも持ちあわせた作文が私の手元にあることがとても誇らしく思えた。彼女の主張は、不況とリストラで家族の大黒柱としてのプライドを傷つけられ、その弱みを妻や子ども達に明かすことができず、自殺を図る現代の日本人男性を示唆したものだ。男性支配社会は女性にとって不平等という固定観念を、私は無意識のまま生徒達に伝えていたように思う。それをセンブーによって見透かされてしまった。

男らしく生きる、ということは時として辛いことだ。泣いてはならない、臆病であってはならない、貧弱であってはならない、そして、弱みを見せてはならない。これは、男性支配社会で男性が生きるための宿命であり、男性は、泣く自由、怯える自由、女性に依存する自由、逃げる自由などの自由を自ら奪っているのだ。

私は、男性は女性の権利の主張に耳を傾けることが必要だと述べたが、それ以上に男性は、〝男らしい生き方〟を拒否できる勇気が必要だろう。男女平等社会への第一歩は、〝女らしさ〟〝男らしさ〟という、私達の中に深く刻み込まれたイメージと格闘していくことなのかもしれない。（よい例をあげるとすれば、私の母は〝女らしく生きる〟ということに特別な抵抗感があるようで、風呂場と応接間を堂々と上半身裸で移動し、いつも父を悩ませている。意気込みは認めたいが、ここまで極端にされると、かえって周りの人をしらけさせてしまうということも理解しなくてはならない。）

それ以上に、私がセンブーの作文を読んで感動したことは、彼女は父親を一人の男性として考えるのではなく、自分が愛を捧げる人間、一個人としてとらえているということだ。これからあらゆる人権擁護運動にかかわっていくうえできわめて重要なことだと、改めて教えられた。

彼女の作文の裏に、私はこう書いた。

「校長先生の学校ではなく、君達の学校を君達の手で作れるような制度を確立してくれ。そうすればきっと、君が言う、男女が痛みを分かちあえるような社会が実現すると思う。」

センブーは、そのコメントをじっくり読み、「大事にとっておきます。先生は、私にとって、とてもよいお手本です！」と、言ってくれた。二二年間、周りから悪いお手本としてしか見られてこなかった私にとって、今までで一番嬉しい誉め言葉だった。「そんなこと言ってくれるのは君だけだ。二二年間生きててよかったよ。おかげで、いつ死んでも後悔はしないぞ！」と返した。センブーは笑いながら寮に戻っていった。

10　カチン独立機構と民主主義

別の日、私は生徒達に、民主主義とは何なのかを考える機会を作ることにした。

生徒達の政治離れは明らかだ。生徒達が提出した「自己主張作文」で、民主主義を主題に選んだ生徒は七〇人中わずか四人だけだった（約一〇人は未提出）。その四人の中で、最も関心を示したのは二一歳のブランセンだった。「昨夜は寝ることを忘れて、作文を書くことに夢中になってしまいました」と言いながら、私に作文を手渡してきた。

「私の叔父は、一九八八年の民主化デモで、国軍に殺された数多くの犠牲者の一人です」で始まる彼の作文は、詳細に歴史的背景を描き、ビルマに連邦制度を確立しカチン州に自決権を、と主張する内容で、アウンサンスーチーさんへの絶大な支持を示したものだ。私は彼に尋ねた。「なぜ、君のように政治に関心を持つ生徒が少ないのかな?」彼はこう答えた。「皆、ビルマ政府の管理下で教育を受けてきているので、政府に対して不満を訴える権利を教えられたことなどありません。権力者に対して歯向かうという経験がありませんから。」

たしかに、ジャングル・カレッジの教育制度を見ても生徒会のような組織は存在せず、校長先生の絶対的な権力に生徒達は従わなければならない。少なくとも生徒会を結成し、生徒達と校長先生との間でコミュニケーションの場を持たねば、民主主義というものに対して自覚を持てというほうが無理というものだ。

＊

「民主主義とは何でしょうか?」の疑問から話は始まった。予想通り、メディアの影響をもろに受けた、民主主義を崇拝する答えがいくつか聞こえてきた。「民主主義こそ人類の自由だ!」「民主主義が達成されれば、私達の好きなことができるようになる!」「民主主義は人権擁護だ」などなど、憧れへの度合いが強い。それでも、しっかりとした理解を示す生徒もいないわけではない。ナーンボークは、「民主主義とは政治体制の一種で、言論の自由などを保障する憲法を持つものです」。そこで、私は生徒達に尋ねてみる、「民主主義なら、なんでも自由に好きなことができると言いますが、それでは、人殺しもできるということですか?」もちろん、生徒達は苦笑いをしながら首を振り「それは法律違反です」と即座に答える。「では、その法律は誰が作るのか知っていますか?」この質問で、生徒達の口は塞がってしまう。

そこで、私は質問を変えてみた。「現在、KIO(カチン独立機構)が統治している区域は、民主主義が確立されていると思いますか？」予想通りいくらかの生徒達はうなずきながら、「ＫＩＯ統治区内は民主主義だと思います。カチン民族自身で政治が行えるわけですから。国軍の言いなりになる必要はありません」。民主主義と民族自決を混同している。そこで、「ＫＩＯ区域内は民主主義ではないと思う人、何か意見はありませんか？」と、質問を促してみた。そしたら、それまで一度も発言したことのないルーセングが立ち上がった。「民主主義は住民の声を反映するシステムのはずです。ＫＩＯが中国人と経済協定を結び、マエジャヤンにカジノを建設する際、マエジャヤンに住むカチン族は大反対しました。それでも、ＫＩＯは住民の声に耳を傾けることなく独断でカジノ建設を決行しました。こんなの、民主主義だとは思いません。」彼女の家族もマエジャヤンの住民であることから、地元のチャイナタウン化に対して抱く違和感は人一倍強いのだろう。クラスでの彼女の発言はこれが最初で最後だった。

　ルーセングのおかげで、議論を一歩進展することができた。「住民の意見を反映するのが民主主義だとしたら、どうすれば、住民の意見を反映することができるでしょうか？」生徒は困った表情をしていた。

　すると、スヂリンが立ち上がって、「現在のＫＩＯ統治区域では、法律を作るのも、市民を裁くのも、統治するのも、すべてＫＩＯです。私達は選挙権もない。これでは、民主主義とは言えないと思います」。

　スヂリンのおかげで、次の問題提起に移ることができる。「現在、ＫＩＯが民主主義でないとしたら、これからカチンが民主化していく条件は何でしょうか？」そこで、スヂリンは再び立ち上がって、「私達の独立への戦いはまだ終っていません。停戦協定で認められたＫＩＯの統治区域は、カチン州の面積の三分の一にもいたりません。この戦いが続く限り、市民が軍部へ依存することは避けられないと思います」。そうなのだ。ＫＩＯは独立闘争によって設立された組織であり、統治システムはビルマ軍事政権と瓜二つと言ってもいいくらいだ。軍人が統治機関に介入することは当たり前のことなのだ。

この事実を生徒に理解してもらってこそ、やっと本題に移ることができる。「もし、ＫＩＯが独立したら、どうやって民主化を試みることができるでしょう？」もし独立したら、とつけ加えることは、私にとって容易なことではなかった。生徒達にカチンが独立する可能性をほのめかすことになりかねないからだ。正直な話、カチン州がビルマから独立することはまったくと言っていいほど非現実的なことだ。ブランセンはこう答えた。「ＫＩＯは市民部と軍部の二部に分かれています。現在、統治の方は市民部が受け持ち、独立後、軍部は統治機関から退き、市民部だけが政府機関になるということになっています。」

たしかに、論理的にはそれが民主化への第一歩なのだが、軍部から市民部への権力の移行によって起こりうる問題点もある。「お父さんが、ＫＩＯの市民部で働いている人はいますか？」（ＫＩＯ幹部に女性は皆無）と、尋ねたら何人かの生徒が手を上げたので、一人の生徒に新たな質問を投げかける。「あなたのお父さんは、何年間ＫＩＯで働いていますか？」その生徒は少し考え込んで、「二八年になると思います」。この質問で私が何を示唆したいのか察知できないようだ。「二八年前、ＫＩＯは紛争の真っ只中でしたね。そして、現在のＫＩＯ市民部で働いている大部分の人達が、二〇年以上は組織に属していると思います。停戦協定まで三三年かかり、その間、ＫＩＯ軍部がすべてを治め、その軍部が治めていた時と同じ人達が市民部を占めているという現状を見て、何か気づきませんか？　軍部と市民部の歴史的なつながりが、民主主義が抑制と均衡を達成するうえで障害になるとは思いませんか？」

生徒達は終始沈黙を保った。彼らが今まで置かれてきた状況を考えれば、こんなことを考えさせられたことがないのは無理もないだろう。それでも、これからのカチンの未来を占ううえで、そして、これからたくさんの民主主義に関する組織的宣伝広告に対応するためにも、生徒達に考えてもらいたかった。

最後に、とっておきの質問を生徒達に投げかけることで、この講義を閉じることにした。「世界で一番優れた民主主義を擁する国は？」生徒達の答えは、私のシナリオ通りだった。「アメリカ！」

「アメリカが一番優れた民主主義国だというのは空想にすぎないかもしれません。あなた達がそう答えるのは、アメリカのメディアの力が一番強いという理由だけです。そもそも、民主主義を一つの定規で計ること自体困難なことです。一九九八年の国会議員を選出する選挙で、三分の二のアメリカ市民は投票所に行きませんでした。その選挙で当選した人の九五％は、相手候補よりもたくさんの資金を選挙運動に費やしています。この選挙資金の出所はもちろんビジネス産業であり、ビジネスが政治を買収しているという構図です。そして、周知の通り、アメリカの膨大な軍事費は、軍事産業を発展させ、一部の専門家の中で言われる軍産複合体というものが政治の実権を握っているという見方もあるほどです。もしかしたら、民主主義というものは幻想の世界にしか存在しないものなのかもしれません。」

生徒達の表情は困惑していた。民主主義について一定の理解をしてもらうのが当初の目的だったのだが……。私自身も、その困惑の渦の中に巻き込まれていくようだった。気づいたら、最初に問い掛けた疑問を自分に繰り返していた、「民主主義とは一体何なのか？」

11　ビルマ人との共存は？

作文では、ビルマ人に対する不信感を表現する生徒もいた。一六歳のゾウダンは、カチンの民主化はビルマ人と手を組むことになりかねない、と危惧の念を主張した。「すべてのビルマ人は少数民族に対して同じ考えだ。いくら、スーチーが有名だからといって、結局は彼女もビルマ人の仲間だ。カチンにとって、あらゆるビルマ人との友好関係は危険だ。」どんな境遇でゾウダンが育って来たのかは知らないが、これほど片寄った考え方が植えつけられてしまっているということは、教育に問題があるのかもしれない。このままでは、彼のビルマ人に対する憎しみはより強固なものになるだろう。私はゾウダンを部屋に呼び、二人でゆっくり話しあうことにした。私とゾウダンの仲は、信頼関係で結ばれるほどにまで進展していたため、お互い何の遠慮もなくストレートに思いを打ち明けることができた。

私：すべてのビルマ人が同じ考え方というのは？
ゾ：ビルマ国軍は数々の少数民族のゲリラ部隊を分裂させ、少数民族が殺しあうのを楽しんで観戦しているのです。まるで、私達が彼らの手のひらの上で遊ばれているかのように。私の通った高校でもたくさんのビルマ人生徒がいましたが、その中の一人の男子生徒は、周りの人達が互いに敵対意識を持つようにすることを楽しんでいました。少数民族の生徒が喧嘩しあうのを外から覗くのが彼の趣味でした。私達はとても腹が立ったので、彼を呼び出して制裁を加えました。いつも少数民族の生徒を見下してくれたお返しです。呼び出したのは二、三回だけですよ。
私：それでも、君の知っている限り、そういうビルマ人は彼だけなの？
ゾ：他にもたくさん例はあります。
私：そうか。じゃあ、その例を君が覚えている限り、すべて書いてくれないか。
ゾ：えっ！　とても長くなりますよ。
私：構わないさ。君が過去に経験したことを知りたい。その経験が、すべてのビルマ人は同じ考え方と思わせたのだろう？　君が思い出せる限り、書いてくれ。
ゾ：わかりました。
三、四日後、ゾウダンは新たな作文を手に私の部屋へやって来た。

ゾ：やっぱり、書けませんでした。
私：どうして？
ゾ：なんか、じっくり例を考えてみるとなかなか思いあたらなくて。
私：すべてのビルマ人は今の軍事政権を支持していると思う？
ゾ：ほとんどは支持していると思います。
私：君の作文を最初読んだ時、正直、私はぞっとした。もし、カチン族がすべてのビルマ人に対して、君が抱くような憎しみと偏見を共有しているとしたら、この紛争は永遠に終らないのではないかと真剣に考えさせられた。今、カチン州内には、どれくらいのビルマ人が住んでいるの？
ゾ：少なくとも、三割くらいはビルマ人だと思います。（彼の見積もりを立証できる根拠は何もないが、他の人の話に寄れば、三割から五割くらいに見積もられている。）
私：もし、カチン州が独立に至ったとして、その三割のビルマ人をどうするのだ？
ゾ：実は私も、そのことは以前から考えていました。彼らに対してどういう対処ができるのか。彼らが私達にしてきたことを考えれば、カチン州から追い出すことが一番よい方法だと思います。
私：追い出す？　そんなことしたら、追い出されたビルマ人は一生カチン族を恨み、新たな紛争の火種になりかねない。
ゾ：もし、日本の人口の三割がアメリカ人だったら、どう思いますか？
私：……（想像したことがないのでとまどう。）

ゾ：カチンっていう独立国があるなら、カチン族の住む場所ということですよね？

私：私は日本人で、君はカチン族で、違う民族なのに友達になれたということについてはどう思う？　私がカチンに住み着いたら、やはり追い出す？

ゾ：ヨーコーだけならかまわない。でも、カチン族以上の数の日本人が来たら困ります。カチンの国なのだから、カチン族が主流でなければ国として成り立たない。（ゾウダンは、私をファーストネームで呼んでくれた数少ない生徒の一人だった。）

私：たしかに私は、君のように多民族共生を現実としたことがないから、理想主義を押しつけてしまっているのかもしれない。それでも、今まで、私は色々な民族の人達と出会ってきて、異なる習慣、異なる伝統、異なる文化や言語を見て来た。異なることはあっても、結局、人間性はそんなに変わらない。皆、喜怒哀楽があって、同じ笑顔、同じ涙、同じ苦しみがどんな民族にも存在する。しかし、多くの人達は民族の相違点を強調しようとするだけで、共通な人間性を模索しようとしない。私達が友達になれたのも、毎日、何気ない冗談を言いあってユーモアを共有することで、私達の間にある民族の違いを感じさせないものになったからだと思わないかい？　グローバリゼーションによって、異なる民族がこれから共生していかなくてはならないという現実がある。ビルマ人とカチン族はその一例に過ぎない。

ゾ：……。

私：たくさんのビルマ人も、カチン族と同じように苦しんでるよ。君と同じ年齢のビルマ人少年が、ビルマ国軍に誘拐され、強制的に軍事訓練を受けさせられ、自殺していくケースだってある。ＫＩＯをはじめ他の少数民族のゲリラに加わって、ビルマ軍事政権に対して戦うビルマ人だって少なくないはずだ。人種、民族、宗教とか関係なく、一個人を一個人として見つめられる力がこれから重要になってくる。君が私に抱く親近感は、私が日本人だから？　それとも私の性格？

ゾ：ヨーコーはとてもおもしろいし、興味深い講義をしてくれるから。

私：私を一個人として見つめたうえで、親近感を抱いてくれているのだろう？　もしかしたら、ビルマ人の中にも私みたいな人がいるかもしれない。そもそも、カチン州に住むビルマ人は自分達の意志で来たのか、それとも送られてきたの？

ゾ：軍事政権の同化政策で、送り込まれたビルマ人もいると思います。

私：じゃあ、彼らだって、強制移住させられたカチンと同じ犠牲者として見ることもできるかもしれない。どう思う？

ゾウダンは黙ったままだった。彼が一六年間蓄積してきたビルマ人に対する偏見を、この短い会話によって葬ることは不可能だろう。それでも、少しでも彼の抱く偏見を和らげたかった。ゾウダンが書き直した作文には、「すべてのビルマ人は少数民族に対して同じ考えだ」の文言はなくなっていた。私のためにやったことなのか、彼の思考が少し柔軟になったからなのかは定かではないが、お互いの気持ちをさらけ出しあって議論ができたことはとてもよかった。

＊

無口な女子生徒が多いジャングル・カレッジだが、毎日熱のこもった発言をしてくれる一八歳のセンブーがある日、私に一通の手紙を手渡してくれた。

「先生。いつも興味深い講義をありがとうございます。もしよかったら、先生のお気に入りの本を紹介していただけませんか？　先生の考え方は、私達にとってとても新鮮です。私には先生に紹介できる本はありませんが、私のお気に入りの言葉を教えます。これから、私達も先生もたくさんの問題に直面すると思いますが、この言葉だけは忘れないで下さい。'To forget the wrong is the best revenge.'（過ちを忘却することが最良の復讐）」

カチンの悲惨な歴史の中を生きてきた彼女の口からこのような格言が発せられたことに、私は心から感動させられた。私の思いを、彼女は簡潔にまとめてくれたのだ。それ以上に、彼女の豊かな感性、思いやりがこの手紙から溢れ出てきている。私は、一生忘れることのないように、この格言を繰り返し自分に言い聞かせた。特にお気に入りの本を持つほど読書家でもない私だが、姉から紹介してもらった、バートランド・ラッセル、エーリッヒ・フロム、そしてノーム・チョムスキーの本を紹介してあげた。「先生はまだ若いのに、いい先生ですね！」と、一八歳の彼女から言ってもらえると、皮肉な励ましだとわかっていても、講義に出向くことがより楽しみになるのだ。

心配していたゾウダンも、この講義を境に、「来年もジャングル・カレッジに来てくれませんか」と、泣かせることを言うようになった。（ゾウダンはまだ一年生なので、卒業するまであと一年ある。）

余談になるが、民主主義についての講義以前から私とゾウダンの関係がすでに強固になっていたのには理由がある。日本文化を学びたいという生徒の要望に応えて、日本での私の生活を一時間半の劇にまとめ、日本の家族観、男女観、教育制度、社会体質などを紹介した。劇の出演者はボランティアで募ったが、私役だけはこだわりたかったため、迷わずゾウダンを指名し、彼は快く引き受けてくれた。私役を完璧に演じてもらうため、彼には私の日本での私生活をすべて暴露し、彼の私に対する親近感は人一倍募ったのだろう。おかげで、ゾウダンは本番で驚くほど見事にヨーコー役を演じてくれ、一時間半の間、会場を笑いの渦にさせた。その後、生徒達の間で、ゾウダンのあだ名は“Second Yōkō”となってしまった。ちなみに、生徒達が私に付けたあだ名は、〝ヤイパオ〟（ビルマ語で〝わんぱく坊主〟）だった。

＊

九月一一日のテロ攻撃後に起きたアメリカのアフガニスタン空爆中、私はスウェーデンの赤十字でスウェーデン語を学んでいる難民達に日本食を料理するボランティアをしていた。そこで友達になったアフガン難民のモハメッドは「アメリカはアフガニスタンに平和をと言いながら爆弾を落としていますが、平和を知らない者達にどうやって平和をもたらすことができるのでしょうか？　私には平和というものがよくわかりません」。モハメッドは盲目なため、私のたじろいだ表情を察することはできなかったかもしれないが、無言のままの私に気づかって即座に話題を変えてくれた。

一九七九年にソ連軍がアフガニスタン侵攻し、モハメッドはトルコに逃亡、その一年後スウェーデンに辿り着いた。家族をアフガニスタンに残し、スウェーデンでの難民生活開始直後、原因不明の失明。彼のスウェーデン語は完璧だが、友達のいない寂しさを癒すため、スウェーデンに来て二〇年たった現在も赤十字に通い続け他の難民との交流を楽しんでいる。不安と孤独に覆いつくされた彼の人生だが、私の唯一の得意料理であるカレーライスを、「他に作れるものはないのか？」と不平をぶつぶつ言いながらも、毎回飽きずにおかわりをしてくれた。

　平和の実現に明確な法則はあるのだろうか。民主主義も民族自決も平和達成のために重要な要素になるだろうが、それ以上に大事なことは、世界のいたる所で民族自決権の要求が高まりつつあり、同時に世界が民主化へと動き出しているという現実をふまえたうえで、世界で実際何が起きているのか見つめ続けることであり、そして、一個人として何ができるか考えることだろう。こんなことを書いているうちに、いつもの頭痛に悩まされるのだ。

〈カレン青年リーダー育成学校〉の若者達

Ⅲ――タイ・メパ村

【カレン民族同盟（KNU）の軍部組織（宇田有三©）】

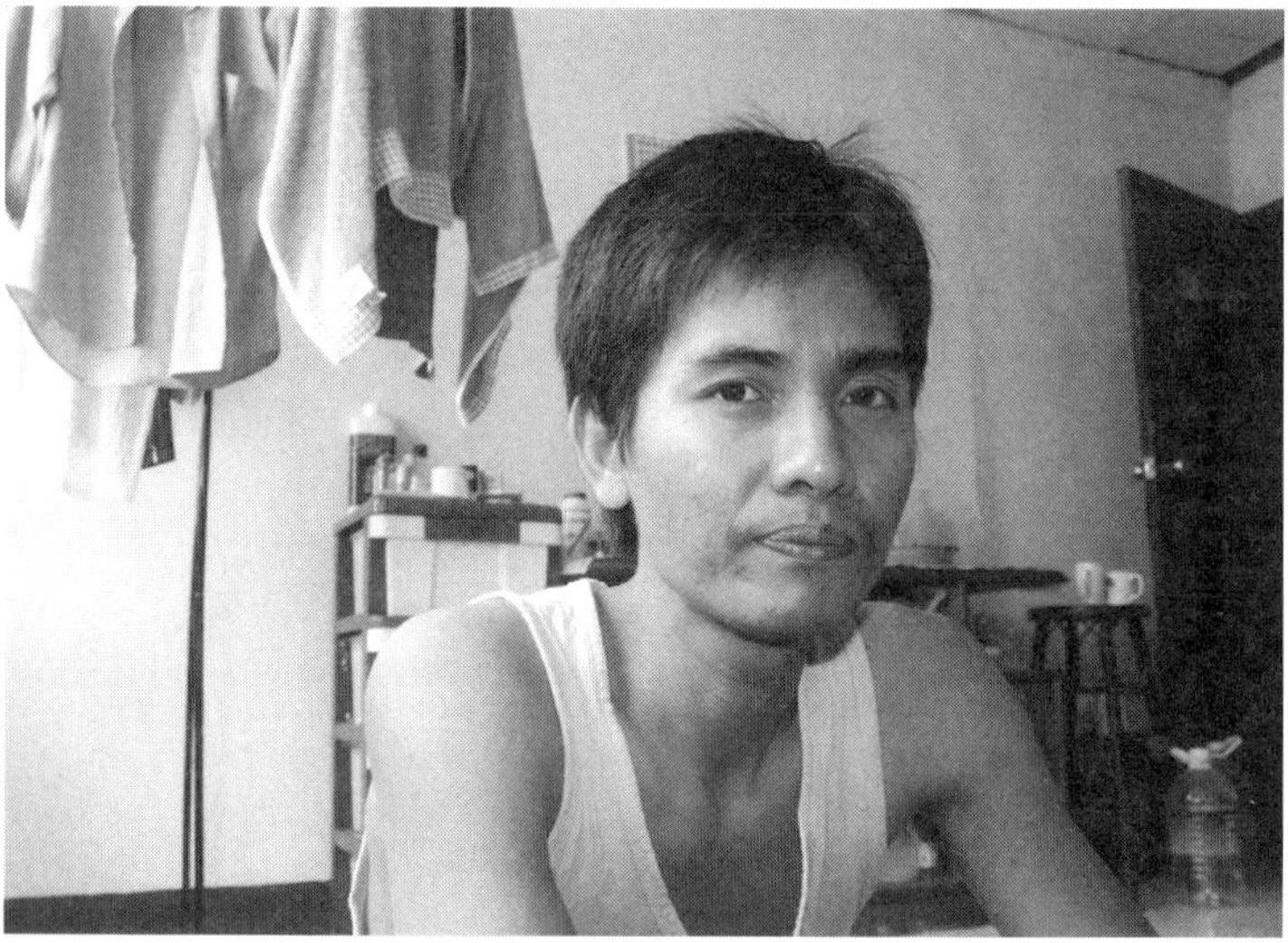

【上・Yōkōの友人フェリックスと下・アイザック（Yōkō©）】

第Ⅲ部は、二〇〇四年七月一四日から一〇月二九日までの約四カ月間、タイ‐ビルマ国境でカレン民族同盟（KNU）が運営する青年学校での滞在記だ。オランダのユトレヒト大大学院に二〇〇三年九月に進学した私は、タイでの体験を教授に伝え、カレンの民族アイデンティティについて調査し、修士論文にまとめることにした。

学校は「カレン青年リーダー育成学校」（KYLMTC）といい、タイ北西部、ビルマとの国境に接する都市メーソートから、北へ約八キロのメパ村というところにある。廃校になった小学校の二階建ての建物に、一六歳から二七歳までのカレン青年三〇人が、住み込みながら勉強している。英語、コンピューター、カレン史、リーダーシップなどの教科を学ぶ。

私はここで、ボランティア講師として社会の教科を担当しながら、修士論文の調査をさせてもらった。生徒と一緒に学校で寝て、食べ、サッカーをしながら、生徒達に、「自分がカレン民族であることをどのように感じるか」という質問を随時させてもらった。

毎月一回、アンケート用紙を配り、生徒達に自分の思いを自由に綴ってもらった。また、生徒四～五人を集めて、話しあってもらったりもした。カレンであるがゆえに、難民になり、祖国で家族と暮らすことができず、将来、KNUのリーダーとなって、カレン社会を率いていかなくてはならない彼らの気持ちを探りたかった。半世紀以上、武装闘争を続けるKNUが運営する学校で、生徒達は何を考えているのだろうか？　そして、そこに一人、外国人として入り込み、生徒達と関係を築こうとする私が、どんな問題に直面するのか。

1　二〇〇四年七月

〝カレン族〟の民族内の多様性はすさまじい。二〇以上の異なった支族に分かれ、キリスト教、仏教、精霊信仰など宗教は多様で、そして何より、ビルマの西のアラカン地方からタイのチェンマイにまたがっていて地理的にも散らばっている民族だ。ビルマの中央に位置するデルタ地方に住むカレン族の中には、ビルマ軍事政権による同化政策のため、ビルマ語しか話せない者も多い。紛争地帯であるビルマ東部のジャングルで国内避難民、あるいはタイで難民として育った者の中には、ビルマ語を十分に話せないカレン族もいる。

簡潔に紹介する。ビルマ国内のカレン族の人口は四～五百万と見積もられ、国内の最大少数民族である。東南アジアの民族の多様性は限りがないが、その中でもカレン族は国を持たない最大の少数民族ということになる。ビルマ総人口四千五百万に対する割合は一〇パーセント弱で、多数派であり歴史的敵対関係にあるビルマ族の六五パーセントと比べたらはるかに小さい。カレン族の主な支族は、スコー族とポー族の二大支族で全体の七割を占める（この二大支族の規模は同等）。宗教では仏教徒が主流で半数以上を占めると言われ、キリスト教徒、精霊信仰は少数派ということになる。

長引いた紛争のため、ビルマ国内のカレン族国内避難民は一〇万から二〇万と見積もられ、タイの難民キャンプは一九八四年以来拡大し続け、今では九つのキャンプに一二万人以上の難民が共同体を形成している。その中にはもちろん、カレン民族同盟（KNU）の幹部達も含まれており、難民キャンプ内外に政治組織を設立し、ビルマ国外に彼らの政治活動の場を移しつつある。特に一九九五年にカレン民族同盟の本部があるマナプローが軍事政権に制圧された後は、ほとんどのKNUリーダー達はタイへ逃亡してきた。今では、Karen Education Department（KED）、カレン学生組織（KSNG）、カレン女性組織（KWO）、KNUの青年組織であるカレン青年組織（KYO）などあらゆるカレン組織が難民キャンプ周辺の村に設立され、これらのほとんどのメンバーは不法滞在で、ビルマ国内または難民キャンプのカレン族の様々な支援活動をしている。

KNUの青年組織KYOによって三年前からタイで始まったプログラムが、私の修士論文の研究対象であるカレン青年リーダー育成学校（KYLMTC）だ。難民キャンプの高校を卒業した者に教育機会を提供するため、長い紛争を指揮してきた年老いた現リーダーの後継者を育成するため、そして、カレンの歴史、文化、伝統を維持するため、この九カ月間の特別養成所は設立された。二〇〇三年の春、私は初めて学校を訪れ、二〇〇四年の一月の一カ月間、ボランティア教師としてKYLMTCで過ごし、次のような疑問を抱いた。

ビルマ中央部から来るカレン青年の大半は、タイに来るまでカレン独立紛争の存在すら知らず、独立運動の主流言語であるスコーカレン語を話せない。タイ‐ビルマ国境に来ることで、彼らの民族意識はどう変容していくのか？　カレン族リーダー達は、こういった青年達をどう将来のリーダーとして動員していくのか？　紛争地帯で大半の人生を送ってきたカレン青年達が、ビルマ中央部から来るカレン青年をどう見つめるだろうか？　一八〇度異なる人生を送ってきた若者達が、〝カレン族〟という共通の民族意識だけで、同朋意識は果たして芽生えるのか？　もし、同朋意識が芽生えるとしたら、なぜ、〝民族〟という概念は人びとの意識にそこまで影響力を及ぼすことができるのだろうか？

*

二〇〇四年の七月、再びオランダからタイへ飛んだ。そして、一一月三日、四カ月に及ぶフィールドワークを終えオランダに帰った。

論文に取りかかっていくうえで、自分の中に迷いが生じた。毎週、教授やクラスメートと話すことといえば、論文の論理構成ばかりで、私があの異様な環境の下で過ごした四カ月の生活で抱いた、疑問、感情、教訓、忘れられない思い出を語る機会がないのだ。生徒達が抱いた苦しみ、悲しみや困惑は、論文では語りつくせない。教授に聞いてみた、「何のために論文を書くのですか？　社会のため、人びとのため、私の生徒のため？」教授は言った、「一番重要な理由は〝知識〟のためだ。学問に新たな知識を与えるためだ。もし、研究を通して人助けがしたいなら、それは君しだいだろう」。

その晩、ルールにとらわれず、自分の好きなようにタイでの経験を書いてみようと思い、コンピューターに向かった。しばらくして涙が溢れてきた。自由にものを書く楽しみを改めて痛感し、今までオランダで送ってきた学問的生活がどれだけ自分を縛りつけて来たのかわかったからだ。いつの間に自分はここまで蝕まれていたのだろう。

すべてが憎くなった。自己満足な知識に執着する教授達。そもそも移民学コースの教授なのに、オランダに何十万といる移民と友人付きあいをしているような教授は一人もいない。そして、学位や成績に執着するクラスメート。何か、自分に対して腹が立った。そして、何がなんだかわからなくなり、腕についた液体が涙なのか、よだれなのか、鼻水なのかも区別がつかないくらい、溜まっていたものが噴出し、途方もない孤独感に襲われた。

今、こうして一文字、一文字打つことで、自分を取り戻していく過程がよくわかる。今まで様々な現場で体験してきたことを、学問を通じて論理化しようという目標は残念ながら達成されそうもない。かといって、学問に身を浸すことが無益だとも思わない。ただ、〝知識〟が私の人生をあまねく表現できるものではないということ――。日本を去って九年目。忘れかけている母国語で、今、ふらつき始めた自分の両足がどこに位置しているのか再確認するために、ここに自分のすべてをさらけ出そうと思う。

紛争下でおびえた生徒達と井戸で体を共に洗い、蚊帳の中で汗をかき、でこぼこしたグランドでサッカーをした日々。教師経験もまともになく、常にふてくされた表情をし、彼らにとってまったくの部外者であるこの私を、少しの間でも輪の中に加えてくれた生徒達に感謝の意をこめて、あのスリルに満ちた日々を書き表そうと思う。

二〇〇四年七月一四日、水曜日――KYLMTC到着（四回目）

バンコクからバスで北西へ七時間。ビルマとの国境に接する都市メーソートに着く。そこからタクシーに乗って北へ五キロ、メパ村にあるカレン青年組織（KYO）のドアをたたく。中から、K

YOリーダー、ユワヘイが笑顔で出迎えてくれる。彼とは約半年振りの再会。「待っていましたよ！　今年は生徒達に何を教えてくれるのですか？」と、いつものはきはきとした声で歓迎してくれた。

まず長旅の汚れを落とすため、外の水ため場で体を洗っていると、外から、「先生！先生！」という聞き覚えのある声が聞こえた。急いでバスタオルで体を覆って出てみると、そこには、去年私の教え子だったシペットがいた。「ご飯は食べ終わりましたか？」と言う、カレン特有の挨拶で私との再会を喜んでくれた。「今年は学校の校舎が変わりました。廃校になった小学校の建物を借りています。去年よりずっとよい設備になったのですよ。早速行きましょう！」私の重いバックを股の間に挟み、彼はバイクで私を案内してくれた。

学校は木造二階建て校舎で、村のはずれに位置し、牧場と田んぼの田園風景の真っ只中にあった。あの建物の中に新入生がいる。これから四カ月間、私が一緒に暮らすであろう生徒達がいる。一体、どんなドラマが待っているのだろう？――そう思うと、緊張と興奮で体が震え出した。建物の中に足を踏み入れると、生徒達は皆、お祈りの真っ最中で歌を歌っていた。毎晩、お祈りを行う習慣は去年から変わっていないようだ。「お祈りは生徒達が自発的に行っているのですよ」とユワヘイはいつもの誇らしげな表情で言った。

お祈りの邪魔をしないよう、私は二階で待った。そしたら、階段を上がってくる足音と共に、懐かしの顔が私の視界に入ってきた。フェリックス！　去年、私のことを一番慕ってくれた生徒だった。めったに喜怒哀楽を表情に出さない彼だか、この時ばかりは顔をほころばせながら私に握手を求めてきた。「去年この学校を卒業して、今年はコンピューターの先生になったのです。」丁寧な口調は去年とまったく変わっていない。フェリックスが私の同僚になるなんて、願ってもないことだった。これから四カ月間、見ず知らずのカレン青年達との共同生活の中でどんな紆余曲折があろうとも、フェリックスという揺ぎない同志がいれば乗り切れるだろうと楽観的になる。「さあ、下に降りてきてください。トゥトゥも待ってますよ。」いつものロンジー姿で、彼はゆっくりと階段を下りながら私を先導した。

お祈りを終えた生徒達は、私の階段を降りる足音に敏感に反応しているようだった。日本人の同年代の男性が先生としてやって来て、一緒に学校に住むというのだから、生徒達にとってみれば気にならないはずがない。そのうえ、生徒の大半はそれまで外国の人とまともに接したことがないはずだから、なおさらである。輪の中央に座っているのは私の元教え子であり、今年からこの学校の校長に任命されたトゥトゥ。「さあ、こちらへ座ってください」と彼女は私を促し、ビルマ語で私について生徒達に紹介し始めた。去年は一人の生徒として教室で物静かに私の授業を聞いていた彼女が、今は校長として三〇人の同年代の若者を指揮する存在になってしまったことに違和感をかくせない。「それでは、自己紹介してください」と、トゥトゥに促されるまま、私は立ち上がり生徒達の目線が初めて私に向けられた。それでも、女子生徒の多くは恥ずかしいのか、私と目をあわせようとはしない。

「はじめまして！　クロイワヨーコーと申します。日本人です。去年、私はこの学校で一カ月間ボランティア講師として働きました。もともとカレン民族とかかわり始めたのは、二〇〇三年の一月、バンコクのアジア移民研究所でインターンとして勤め、難民キャンプの実態調査にかかわってからでした。その時、フィールドワークでメーソートに来た時にこの学校の存在を知りました。この学校が、将来のカレン民族リーダーを育成する場所ということで、私にとってとても興味深く、もっとこの学校のことが知りたいと思い、今こうして戻ってきたわけです。今回、私はあなた達の先生であると同時に、研究者でもあります。現在、私はオランダという国にある大学に通っていて、その大学での研究の調査対象としてあなた達を選びました。去年一カ月間、このトゥトゥやフェリックス達と接して、もっとこの学校のことが知りたいし、世界の人に知らせたいと思い、今こうして戻ってきたわけです。」

終始、私は緊張していた。今までボランティアは数多くしてきたが、今回のように修士論文のための調査というかしこまるようなことはしてこなかったからだ。果たして、今、目の前に座っているカレン青年達を対象に修士論文などというものが本当に書き上がるのだろうか。今まで、「面白い」「刺激がある」だけで世界を飛び回ってきた。その、ある意味、無責任な好奇心が今回初めて、論文という目に見える形となるのだ。今、私がした自己紹介こそが、その冒険の第一歩だった。

私が緊張しているのを察知したのか、生徒達の表情は終始硬かった。カレン民族は思っていることを決して表情に出さない。彼らの硬直した表情が何を示唆しているか、私にはわからなかった。

「それでは、生徒一人ひとりに自己紹介をしてもらいますね。」トゥトゥが生徒達に目で合図を送った。生徒達は全員で三〇人。男子一七人、女子一三人。年齢は一六歳から二七歳まで。大半は二〇歳前後である。そして、カレン族は様々な支族（スコー、ポー、ブウェなど）、宗派（バプティスト、カトリック、仏教など）に分かれる。この生徒達の構成は、スコー族二一人、ポー族八人、ブウェ族一人。宗派は、バプティスト二〇人、カトリック八人、仏教徒二人。

去年と比べて、バプティスト宗派、スコー支族の割合が圧倒的に多くなっている。去年は、ポー族が半分、そして、仏教徒もカトリックもバプティストと同じくらいだった。生徒のこの変化について、トゥトゥは私にこう説明した。「KYOは今年、バプティスト、スコー族の生徒を優遇する措置を取りました。なぜなら、去年、他の宗派や支族に属する生徒達の中には、KNUの解放闘争に身を捧げようという意思を持ったものが少なかった、というのがKYOの言い分です。」

私の不安が的中した。去年、たしかにKYOの幹部は、カトリックや仏教徒の生徒達の態度に対して不満を募らせていた。ある幹部は、「今年の生徒はたるんでます。KNUの戦いに身を捧げようとする生徒が少ない！」KYO幹部と生徒達がサッカーをすると、猛烈なタックルを受けるのは決まって、ポー族や仏教徒の生徒達だった。彼らは私に、「KYOの人達の目つきは怖いです」と漏らしていた。

KYOの立場からすれば仕方ない措置ではある。半世紀以上も命を懸けて戦い続けてきて、やっとの思いで設立した学校に、その闘争に同調しないカレン青年に来られてはたまったものではない。ただ、一見、KYOが他の支族宗派を排除するようなやり方には、一〇年前のような悲劇をまた招くのではないかと危惧せざるをえない。

一九九五年、仏教徒カレン族が、KNU内の宗派による差別を理由にKNUと決別し、民主カレン仏教徒軍（DKBA）を発足させ、同一民族内での殺しあいが起こったのだ。その結果、タイへ逃れてくる難民の数は三倍にも膨れ上がり、何十年もKNUの首都として守り続けたマナプローが、ビルマ軍事政権に占領されてしまった。この大惨事以来、KNUは仏教徒やポー族などとの連帯を強化するために力を注いできた。去年、KYLMTCにたくさんの仏教徒やポー族の生徒が受け入れられたのも、そういった背景があってのことだった。それが、今年、KYLMTCに受け入れられた仏教徒生徒はたったの二人。「残念ですが、仕方ありません」とトゥトゥは下を向きながら言った。

とにもかくにも、私の冒険の幕が開けた。トゥトゥとフェリックスという心強い同僚をえて、私と三〇人のカレン青年達の四カ月のドラマは始まったのだ。

七月一五日、木曜日

カレン人の朝は早い。六時までには皆起床し、洗面を済ませ、料理や掃除など各グループの分担をこなす。私は、昨晩はまったく寝つけずに朝を迎えることになった。緊張と興奮のせいか、それとも、広いスペースの中に一〇数人と一緒に蚊帳の中に包まれながら、木の床の上に毛布一枚で雑魚寝をするというのが初めてだったからなのかはわからない。

外に出て辺りを見回してみると、昨日は暗くてわからなかったが、学校の敷地は想像以上に広い。グラウンドとは到底呼べない、凸凹した草ぼうぼうの広場があり、両端に丸太が五メートル間隔で二本立てられ、サッカーゴールポストの代わりをしている。その左手遠方には、プレハブのような小屋があり、その中にネットが張られ、バレーや東南アジアで人気のセパタクロー（足でするバレーボール）ができるようになっている。そして、その裏には敷地内唯一の井戸があり、早朝から二、三人の生徒が水浴びをしている。それは、別の言い方をすれば、近代的男女共用シャワーなのだ。これでも、不法に運営されていると考えれば、立派な設備なのである。

普通の民家を使用していた去年と比べたら、校舎もしっかりとしたものになった。一階は広間になっており、二〇人ほど座れる机と椅子があり、左側にはコンピューターが五台設けられている。訪れる外国人は、「難民の学校になぜコンピューターが！」と唖然とする。二階は、女子生徒の寝室、校長室、そして広間にテレビとＤＶＤプレーヤーが置かれ、夜の生徒達のたまり場となっている。この広間が、一一時以降は男子の寝室になり私もここで寝る。

八時半までに朝食をすませ、九時から一時間目が始まる。午前中は、英語の能力によってＡとＢの二クラスに分けられ、英語とコンピューターを学び、午後は、全員一クラスになり、カレン史やリーダーシップを学ぶ。八時四五分、小柄な白人が学校の前にバイクを止めた。ここで英語を教えるオーストラリア人のライ先生だった。母国で定年退職を迎え、オーストラリアに語学留学してくる若者達に英語を三年ほど教えた。その経験を使って、こうやって発展途上国で英語を教えながら世界を見て回りたいのだという。とにかく、どこでも英語のネイティブ教師の需要が高い。ライ先生のように、英語を教えながら世界を旅するイギリス人やアメリカ人は、タイ－ビルマ国境だけでも何十人、いや何百人といるのではないか。

そんな中で、私のようなネイティブでもなく教師経験もない者が、この学校で四カ月も教えることができるのはとても幸運なことなのだ。実際、五月ごろに、ユワヘイにボランティア講師をさせてくれとEメールで打診した際、彼は「検討させてください」と言っただけでそこまで乗り気ではなかった。しかし、一週間後、彼から返事が届き、「返事が遅くなりました。近年この国境には、ただボランティアをしてみたいというだけでやってくるヨーロッパの若者が増えてきて、こちらも困っているのです。彼らは、ただ異文化体験の刺激がほしいだけで無責任なところがありますから。あなたにつきましては、去年の卒業生に尋ねたところ、皆、あなたを迎え入れることに大賛成でした。よろしくお願いします」。つまり、教師経験を持つライ先生と私が対等な扱いを受けられるのも、トゥトゥやフェリックスの口コミのおかげだったのだ。そのうえ、本来外国人教師が学校に寝泊りすることは固く禁じられているのだが、トゥトゥの計らいのおかげで私は特別待遇を受けることができた。

授業は四時半に終わり、生徒達は再びグループごとに各当番をこなす。水運び、料理、掃除、草刈など。敷地内にある小さな井戸では三〇人分の生活水には足りないので、一キロ離れた大きな井戸からタンクで運ぶ作業を一日二回行う。

六時、夕食。食事は朝と夜の二回だけ。そして、七時から毎晩恒例のお祈りが行われる。皆で聖書を読み、歌を歌う。お祈りは参加が義務づけられているのではないのだが、二人の仏教徒の生徒も参加していた。お祈りの後、全体ミーティング。今夜は、明日が一九四七年に「カレン民族防衛組織」が結成された記念日ということで、学校内でも式典が行われる予定で、その準備についての説明があった。式典では生徒達が歌を歌うことになっており、今夜はその練習だった。

歌の練習風景を見渡していると、隅っこに四、五人ほど、ただ歌詞を見つめるだけで歌っていない生徒が目についた。彼らのほうに近寄り、なぜ歌わないのか聞いてみる。そしたら、「私達はポーカレンなので、スコー語は読めません」と、アイザックと名乗る生徒が笑いながら返答した。アイザックの隣に座っているのが、同じくポーカレンのスカント。そしてその隣が、背の高いウィリアム。タイ－ビルマ国境地帯から来た大部分の生徒達と違い、三人ともビルマのデルタ地区（中央部）で生まれ育った。スコーカレン民族が多く住む国境近辺から来ている生徒達は、皆スコーカレン語を公用語とする難民キャンプで教育を受けてきているため、スコーカレン語は話すことができる。一方、デルタ地区にはポーカレンが多く、家の中ではポーカレン語を使い、学校では公用語であるビルマ語を使うため、スコーカレン語は話せない。こういう、ビルマの中央部、デルタ地区で生まれ育ったカレン人達のことを、ここタイ－ビルマ国境付近に住むカレン人は、「デルタカレン」と呼んでいる。この学校内にデルタカレンは、全員で五人。この三人と、学校内最年少で一番元気のある女子生徒のミミウー。そして、私の元生徒でありよき同志である、フェリックス。五人ともカトリック教徒だ。

学校内に、スコー語の歌を歌えないものは他にもいる。まず、アイザックの親友であるジョン。校内唯一、カレン民族に属さない生徒である。彼はビルマ国内の七大少数民族の一つであるチン民族に属し、生い立ちはほとんどデルタカレンと似ている。彼もカトリック教徒であり、去年、オーストラリアのカトリック教徒がこの国境地帯に建てた機械専門学校に通うためタイへやって来た。しかし、その学校が廃校になり行き場を失ったジョンを、親友であるアイザックがこの学校へ誘ったのだ。カレン独立闘争のリーダー養成所に、他民族のものがいるというのは違和感があるし、ジョンにとっても肩身の狭い思いをさせられていることだろう。フェリックスはジョンについてこう語った。

フェ：ジョンは、自分がチン族だということを、他の生徒に言うことができません。ポーカレンだと偽っています。まだ、学校も始まったばかりですから、言いづらいのでしょう。

私：アイザックや君と話す時は、チンだということを隠さないのでしょう？

フェ：はい。私達は、去年から知っている仲ですから。

私：でも、他の生徒には言えない？

フェ：はい。自分だけがカレンじゃないということに、孤立感、そして劣等感を抱いているのでしょう。

孤独感に満ちた生徒はジョンだけじゃない。タイのチェンマイ地方で生まれ育った、エポーもそうだ。もともとカレンは、タイ－ビルマ国境線が引かれる以前に、この辺一帯に散在して暮らしていたと言われており、現在、タイには数十万といわれる「タイカレン」が暮らしている。山岳民族として、西洋の旅行者を迎え入れる仕事をしているタイカレンもいれば、一〇〇パーセントタイ人と同化したタイカレンもいる。エポーは一八歳。校内で唯一、タイの市民権を持っており不法滞在の身ではない。ビルマ語もカレン語も話すことができないうえに、英語力も低い。要するに、彼にとって唯一の言語はタイ語である。校内にはタイで長年難民として暮らしてきた生徒はたくさんいるが、ほとんどカレン難民社会の中から出ずにいたので、タイ語を日常会話レベル以上に話せる生徒は一人か二人だ。まともに意思疎通ができる人がいない学校で、どんなに寂しい思いをしていることだろう。私は、タイ語は片言だが話すことができたので、エポーに話しかけてみた。

私：歌は歌わないの？
エ：カレン語を読むことができません。話したり聞いたりすることなら少しできるのですが。両親とはカレン語で話していましたが、学校ではすべてタイ語でしたから。
私：なぜ、この学校に来たの？　タイの学校には行きたくなかったの？
エ：英語とコンピューターが学びたかったのです。

たしかに、外国人教師に英語を教えてもらえ、コンピューターが完備されている学校など、この辺のタイの農村地帯にはまず存在しないだろうし、都市にあったとしても、膨大な学費がかかるはずだ。それを、タダで受講できるというのだから、一般のタイ人にとってはのどから手が出るような話だ。
エポー、ジョン、そして五人のデルタカレンは、すべてカトリック教徒である。カレン民族闘争とはかけ離れたところで生まれ育った彼らが、この学校に来れる最大の理由は、彼らがカトリック教徒だということだ。この学校の運営費はすべて、オーストラリアのカトリック教会の慈悲によって賄われている。助成金を出す条件として、学校に一定のカトリック教徒の生徒を受け入れるという義務をKYOに課したのだ。

もともと、カレン民族解放闘争はスコーカレン民族のバプティスト教徒達によって仕切られており、現在でも、KNUの幹部のほとんどはスコー、バプティスト教徒だ。だから、難民キャンプ内など、タイ－ビルマ国境に住むカレンの主流言語は必然的にスコー語になる。むろん、明日の式典で歌われる歌もカレンの民族解放闘争をたたえるものであるから、スコー語で書かれているのだ。私は歌詞を、スコーに属する年長生徒のダトゥーに英訳してもらった。ダトゥーは、国内避難民として何年もジャングルで暮らし、その後教育を受けるため難民キャンプで今年まで暮らしていた。だから、ビルマ語教育は受けたことがなく、スコーカレン語しか話せない。典型的な、「ボーダーカレン」（国境地帯に住んでいるカレンのこと）である。

訳してもらった歌の歌詞は、このようなものであった。

私達はカレンの歴史を知らなければならない
私達は私達の言語を忘れてはならない
さもないと、カレン民族は途絶えてしまう

大半の生徒は、ダトゥーのように、人生の大半を紛争地帯で生きのびてきた者達である。彼らは、スコーカレン語を唯一のカレン語と信じ、バプティストをカレン族の主流派宗教と信じ、カレン人を圧迫してきたビルマ軍事政権を倒すために身を捧げてきた者達の血を受け継いだ若者達なのだ。

このような若者達の中に、ビルマ語を第一言語とし、これまでビルマ国内で平穏に暮らしてきたデルタカレンや、同じようにタイ語しか知らないエポー、そしてカレンに属さないジョンが混じっている。こういった、まったく異なる人生を送ってきた若者達が、〝カレン〟という共通のアイデンティティの元に、同じ目標に向かって進もうとしている。そんな異様な空間の中に自分が居ると思うと、何か内からこみ上げてくるものがある。

七月一六日、金曜日

朝、学校の外に座っているアイザックに話しかけた。

私：学校は楽しい？

ア：はい。ここではカレンについて色々なことが学べます。ここに来るまで、私はカレン解放闘争について、まったく知りませんでしたから。

私：知らなかった？

ア：はい。ビルマ政府が作る歴史教科書には、カレンの民族解放闘争については書かれてありませんから。この国境に来て、初めてKNUがあるということを知りました。

軍事政権下に住むということを、私はまだ深く理解していなかった。完璧にメディアが規制され、国民の知る権利など皆無の世界である。カレンの歴史など語られるはずもなく、「KNU」という文字が書かれた本でも持っていようものなら即投獄されるだろう。

これこそ、ビルマ国内の高校を卒業した者と、難民キャンプ内の高校を卒業した者との間にある大きな違いなのだ。難民キャンプは、単なるカレンの避難場所ではない。ビルマ軍事政権の手の届かないところに位置する一二万人規模のカレン共同体である。この空間には、ビルマ国内ではできないことがたくさんある。カレン語で教育が行われ、カレンの歴史が教えられ、カレンの祝日がお祝いされ、いわばカレン民族自治区である。そして、私のような外国人ボランティア講師を招き入れることもでき、インターネットなど最新技術にふれることもできる。そして一番重要なことは、この「カレン民族自治区」は、国内移動に制限があるビルマにいては接触することのなかった異なる宗派、支族出身のカレン人と出会う場所にもなっている。デルタで生まれ育ったアイザックやスカントは、この国境に来ることがなければ、一生スコーカレン民族に出会うことはなかっただろう。アイザックは、私にこう言った、「この国境付近にこんな大きなカレン民族共同体が存在していたなんて夢にも思いませんでした」。それほど、ビルマ国内では移動も報道も制限されており、彼らにとってビルマ国内から出るということは私達が火星に行くようなもので、「未知の世界」への旅路なのである。

アイザックは私に好感を持ってくれているようなので、思い切って聞いてみた。

私：スコー語を学びたいと思う？

ア：はい。それが今年の私の目標です。

私：なぜ？
ア：ここの学校の生徒の大半はスコー語を話しますから。スコー語がわからないと……。
私：学校は楽しい？
ア：はい。でも、去年の生徒という方がもっと楽しかったですね。（アイザックは去年、この付近にある技術系の学校の生徒で、KYLMTCにも遊びに来ていた。）
私：何が違うの？
ア：去年の生徒は、ビルマ語を話せる生徒がほとんどでしたから。今年の生徒の多くはビルマ語をあまり話せません。だから、あまり会話することができません。
私：ポーカレン語を話す時はあるの？
ア：はい。でも、フェリックスとスカントと話す時だけです。

アイザックは続けた。

「この前、スカントが病気になった時、近くの診療所に連れて行きました。お医者さんはカレンの方で、皆と同じスコー語を話したのです。それで、私達がスコー語を話せないのを察知して、『君達はビルマ民族かね？』と尋ねてきました。私達は、否定することができなかった。スコー語を話せないカレンは、ここではビルマ民族同然なのです。」

そんな、〝ビルマ民族〟と見なされるアイザックやスカントが、ビルマ国軍に対して半世紀以上武装闘争を続けてきたKNUが運営するこの学校に通っている。一体、国境のカレン共同体の中で生まれ育った生徒達は、アイザック達のことをどう思っているのだろう。半世紀以上もの解放闘争について知らず、スコー語も話せず、敵対関係にあるビルマ民族の言葉で意思疎通を図ろうとするアイザックに対して、偏見などはないのだろうか。

七月一七日、土曜日

土曜日は、朝九時からタイ語特別講座が開かれる。自由参加で、講師は校内で唯一タイで生まれ育ち、タイの市民権を持つエポー。KYO幹部が提案したことで、生徒達とタイ語しか話せないエポーとの橋渡し的なものになるのではという期待がこめられている。受講に来た生徒はたったの七人。生徒達の間でタイ語はそれほど重要視されていないということか。彼らが不法滞在の身であるがゆえに、タイ人と接触する機会も必要性もないということが大きいだろう。タイのメーソート周辺は、何万、何十万というビルマからの出稼ぎ労働者で溢れており、タイ当局による不法滞在者の摘発は日常茶飯事のことだ。つまり、不法滞在の身である生徒達がいつ強制送還されてもおかしくないわけで、生徒達が学校の敷地外へ出歩くことは固く禁じられている。

生徒達に課されるこの行動の束縛こそ、私と彼らとの間にある大きな隔たりでもあった。私は、毎日自転車でメーソート市街へ出かけ、新聞を買ったりインターネットをしたりした。自転車に乗って学校のゲートから出るたびに、私はなんとも言えない心境になる。学校の屋根の下で一緒に暮らしている生徒達はこのゲートの外に出ることができないが、私はできる。私は日本という国に生まれパスポートを所持しているから、タイという国で自由に行動できるが、彼らはできない。どんなに彼らと仲よくなろうとも、結局、私達の間には目に見えない大きな壁があると思うとなんともやるせない気持ちになる。

タイ語の講義を見学したあと三時間ほど昼寝をした。まだまだ、不眠症に悩まされている。来てから三日がたとうとしているが、まだ夜寝つくことができない。蚊帳の中だからか、雑魚寝だからか、生徒の鼾のせいか、それとも……。意外と、私も環境にデリケートなのだ（？）ということを思い知らされる。

外に出て小説を読んでいると、一人の生徒が話しかけてきた。ヤキドゥーだった。

ヤ：それは、聖書ですか？
私：ちがうよ。単なる小説。
私：学校は楽しい？
ヤ：はい。将来、カレンのリーダーになるための知識がえられます。
私：ここに来る前は、難民キャンプにいたの？
ヤ：はい。勉強するために。でも、学校が休みの時は軍の基地に戻りました。
私：じゃあ、兵隊だったの？
ヤ：はい。一六歳の時から。
私：また、基地に戻りたい？
ヤ：はい。カレン族の自由を勝ち取るために戦いたいです。

ビルマの未成年軍人の数は八万人と見積もられ、他の国に類を見ない規模である。KNUも解放区内に住む人びとに徴兵制を課し、一六歳から入隊させているらしい。兵力不足に悩むKNUと、軍隊以外に行く居場所がない若者のニーズがお互いに満たされる皮肉な構図である。ヤキドゥーの他にも、元未成年軍人だったものは学校に二人いる。この三人は、日常的に軍服を身にまとい、自分達がKNUに仕えていたことを誇りに思っている様子がうかがえる。

夕方、お腹が空いたので、「マーマー」（インスタントラーメンのようなタイの乾麺）を持って台所へ向かうと、マリアという女子生徒が座っていた。親切に私の乾麺を取り出し、お湯をかけてくれた。まだ三日目だから仕方ないのかもしれないが、ほとんどの女子生徒は私に話しかけようとしない。恥ずかしがり屋だというのもあるだろうし、英語に自信がないというのもあるのだろうと、その時は思っていたが、後から聞いた話によると図体と態度がでかく、そのうえ人相の悪い日本人が学校の中にいてとても怖い思いをしていたらしい。

マリアに思い切って話しかけてみる。

私：どの教科が好きなの？

マ：英語とリーダーシップです。

私：カレン史は？

マ：ビルマ語がわからないので、授業が理解できません。

無力感に満ちた笑みを見せながら、彼女は答えた。カレン史の先生であるトメトー氏は、ビルマ語しか話せない。スコー語で話せば、アイザックのような生徒を孤立化させ、ビルマ語を使えばマリアのような、国境地帯のカレン共同体の中で生まれ育った生徒を孤立化させてしまう。実に複雑だ。こういった言語の壁は、生徒達の〝カレン民族〟としての結束を揺るがすものにならないのだろうか。

ジョンが台所に入ってきた。私が彼に視線を向けたすきに、マリアは出て行ってしまった。ジョンがビルマ語しか話せないからかな、と、その時は思っていたが、彼女は私といるのが怖くて仕方なく、出て行くタイミングを計っていたらしい。

七月一八日、日曜日

朝食をすませ、学校の周りにあるヤシの木々を眺めていると、ポシャーが近づいてきた。彼は二六歳。ヤキドゥーの様に、ＫＮＵの軍に一六歳の時から仕えており、合計八年間、前線で戦っていた。校内最年長とは思えない少年のような顔つきで、ニコニコしながら、私のほうへ近寄ってくる。どうやら、自分の過去について語ることが彼は好きらしく、一度口を開き始めたら止まらない。しかも、英語の発音が不明瞭なこともあり、聞き手も大変である。

「前線で戦っていたころは勉強するなんて思ってもいなかった。ビルマ軍の兵士が村にやって来て、すべての家を焼き払い、食料をあさり、村人を拷問し、若い女性を強姦する。そういったビルマ軍隊に、私達は何度も立ち向かっていった。そのたびに、友人や親戚を亡くしました。難民キャンプで教育が受けられると聞いて、私はタイへやって来ました。そして、今ここで、勉強できることがとても嬉しいです。外国の方にも会えるし、殺される危険もないし。」

無邪気な笑顔で淡々と語っているが、その瞳の奥底にある彼の悲しみや憎しみがひしひしと伝わってきた。私は何も語りかけることなく終始、彼の話に聞き入った。

教室の隅で、ダトゥーが一人で勉強している。どうやら、ビルマ語を勉強しているみたいだ。

私：ビルマ語、わからないの？

ダ：ちょっとだけなら。英語のほうが得意です。

ダトゥーは、ジャングルの中で生まれ、一四歳の時から難民キャンプで暮らしている。現在二四歳ということは、一〇年間キャンプで過ごしたことになる。とても、向上心があり、常に一人で読み書きをしたり、物思いにふけったりしている。難民キャンプで高校を卒業後、Further Study Program（FSP）という、一般五教科を英語で教える三年制の学校（難民キャンプ内の優等生の集り）を卒業した。だから、彼の英語力は校内でもトップクラスだ。

ダ：キャンプで一〇年も暮らしていたので、今、こうして新しい環境で勉強できるのはとても嬉しいです。ここにはコンピューターもありますし。それに、この学校の生徒はビルマ語を上手に話す。とても、いい勉強になります。

私：へえ。でも、私が難民キャンプを訪れた時、そこにいた生徒達はビルマ語なんて学びたくない、って言ってたけど。

ダ：そうなのです。私も、キャンプにいた時はビルマ語が大嫌いでした。あんなの、学校で学ぶなんて時間の無駄だと。

私：でも、今はビルマ語が学びたい？

ダ：はい。ここに来て、スコー語が話せないカレン人がたくさんいるということ、そして、これから仕事を見つけようとする時ビルマ語が重要になってくるということに気づきました。

アイザックのようにスコー語を学びたくなるものもいれば、ダトゥーのようにビルマ語を学びたくなるものもいる。戦闘地域で命を懸けて戦ってきた者、難民キャンプという閉ざされた空間で人生を送ってきたもの、様々な色の人生がこの小さな空間に凝縮されている。こういった色がどうやって溶けあっていくのか、ぶつかりあうのか、それとも違う色に変わっていくのか、私が目撃した人間のドラマをここに綴りたい。

2 衝　撃

前述した通り、デルタ地区で生まれ育った生徒達がこのタイ‐ビルマ国境へ来て、半世紀以上続く自民族による武装闘争の存在を知ることによって受ける衝撃は大きい。この章では、デルタ地区出身の生徒達の生い立ちを紹介しながら、彼らが受ける「衝撃」を具体的に描いてみたい。

アイザック

デルタ地区出身の生徒の中で一番仲よくなった生徒がアイザックだった。彼は一九八四年、ビルマ中央のデルタ地区にあるポーカレンの村に生まれた。むろん、ガスも電気もなく、毎日、母親に井戸の水を体にかけてもらうことが彼の楽しみだった。一〇〇世帯の村の規模で、村人はすべて家族のように仲がよく、どの家にも無断であがり込むことができた。彼のおじさんは村長で、いつもビルマ政府の官僚達が家にやってきてなにやらごそごそと話していた。小学校四年生の時、国軍部隊が村へやって来てすべて焼き払ってしまった。当時、戦争があることは知っていたが、何の戦争なのか、なぜ村が焼き払われたのか、アイザックは知らなかった。KNUという組織にかかわっている者達を国軍が探しているということは知っていたが、KNUがどんな組織ということはまったく知らなかったという。

「村人は私達子どもには、決してKNUについて教えようとはしなかった。もし、私達がKNUの単語を口にしたとしたら、私達の村が焼かれてしまうわけですから、当然のことでしょう。」

中学時代、彼のおじさんが突然行方不明になる。KNUとの関与が政府に見つかったためだという。以来、アイザックはおじさんに会っていない。そして、他の村人や親戚達、友達の親達までもが、次々と政府に連行されていくのを目撃することで、ビルマ政府に対する恐怖心でいっぱいになった。KNU解放闘争に加担している親を持つ彼の友人達は、彼らの両親の名前を学校の入学申込書に記入することができなかった。

「当時、カレン民族に属することは、檻に入れられた難民でいるようなものでした。いつ、自分の家族がKNUのスパイと疑われ連行されるかわからなかったわけですから。」

「カレン民族」に属するということが恥としか思えなかった彼が、二〇〇三年ここタイ－ビルマ国境にやって来ることで、生まれて初めて自分がカレン人であることを誇りに感じることができるようになった。アイザックは作文に、こう書いている。

「私達カレン民族は、他の国と同じように、自分達の土地を持ち、リーダーを持ち、国旗を持ち、国歌がある。私達の祝日があり、儀式が行われる。それらカレン民族の魂を守るために半世紀以上命を懸けて戦ってきたリーダー達がいる。カレンの解放区を統治するKNUという政府機関がある。私達は、他の国と比べて何の遜色もない。ビルマ国内にいる時はまったく知らなかったこれらのことを知ることで、私がカレン民族に属することへの感情は頂点に達しました。」

それまで、「カレン民族」とは、アイザックにとって、ただビルマ民族から差別の対象とされるカテゴリーでしかなかったが、この国境に来ることによりカレン民族を「国家」を所有するに値する民族と認識し、自分がカレン国家の一員だということを初めて自覚することになった。「ビルマ国内に住む他のカレンの人びとにも、カレン解放闘争について伝えたい」と、アイザックは熱く語る。

「ここ国境では、カレン文化と伝統が継承されている。ビルマ国内のカレンの人達も見習うべきだ。」

実際、タイ－ビルマ国境に来てカレン民族に属するという新たな意義を見出す生徒は、アイザックだけではなかった。ビルマ国内では、軍事政権による「ビルマ人同化政策」により少数民族の言語も歴史も教えることが禁じられている。ビルマは多民族国家であり、KNUのように少数民族の自治権を求めて戦う武装組織もいくつかあるが、これらの組織に関与しているとの疑いが少しでももたれたら、アイザックの隣人のように軍によって連行されてしまう。ビルマは七つの州に分けられており、カレン州はビルマの東部に位置し、タイとの国境と平行して長細い形をしている。しかし、名前がカレン州だからといって、カレン民族の自治権が確立されているわけではなく、その大部分がビルマ軍事政権の統治下にある。生徒の中には、カレン州内で生まれ育った者も結構いるが、アイザックと同じようにKNUの闘争もタイ－ビルマ国境の難民キャンプの存在も知らなかった者もいる。

クリスタルとパンワーがその例だ。彼女達はポーカレンに属し、カレン州の州都であるパアンで生まれ育った。二人とも二〇歳になったばかりで、カレン女性は物静かだという私のステレオタイプをぶち壊してくれるほど口が達者だ。タイ－ビルマ国境へ来たことについて、彼女達が綴った作文を紹介する。

パンワー

「私はカレン州で生まれた。カレン州では、カレンの歴史を知っている者と、知っていない者とに分けられる。それは、彼らの生まれ育ち方による。私も、タイに来るまではカレンの歴史を知らない者の一人だった。

タイに来て私は初めて、カレン民族解放闘争の歴史を知った。それを知ると同時に、私がそれまでどれほど時間を無駄に使ってきたかを思い知った。この学校で歴史を学び、難民キャンプを訪れ、カレン闘争のリーダー達にあうことで、私の人生は一八〇度転換した。難民キャンプでは、私とはかけ離れた環境で暮らすカレン人を見て愕然とした。十分な食料もなく、塀の中から出ることも許されずに一〇年以上過ごしてきた彼らに深く同情した。そして、どんな困難な状況になろうとも、カレンの文化伝統を継承するためにビルマ軍事政権に立ち向かっていったカレン兵士達の存在を知ることで、私にはカレンの文化を次世代に継承する義務があるということを痛感させられた。カレンの自由のため、発展のために、私は身を捧げようと思う。」

クリスタル

「子どものころ、両親からカレン民族であることに誇りを持てと言われて育てられた。当時、私はその意味がよくわからなかった。カレン語を学ぼうなんて思ったこともなかった。自分がカレン民族に属するということがどういうことなのかよくわかっていなかった。

人がその民族に属することに誇りを持つには、その民族の歴史を知らなければいけないと思う。私はタイに来て、初めてカレンの歴史を学んだ。来て間もないころは、歴史の先生が言っていることがあまりにも衝撃的で信じることができなかった。BBCなどのニュースを見て、ビルマ軍事政権が少数民族に対して行っている人権侵害について知った。難民キャンプに住んでいるカレンの人びとのこと、半世紀以上命を懸けてカレンの伝統を守り続けてきた私達のリーダー達のこと、そして、軍事政権が私達カレン人に対して行う様々な人権侵害について学んでいくにつれ、子どものころ、私の両親が言っていた言葉の意味がわかってきた。カレンの歴史について勉強することで、私が一人のカレン人として果たさなければならない義務があることを知った。ビルマ軍事政権の不当な統治の下で苦しんでいるカレンの人びとを救いたい。」

3 タイ－ビルマ国境のカレン人の多様化

一九世紀初頭、アメリカのバプティスト宣教師達によって改宗されたカレン民族達が、スコー語の文字を作り、自分達の学校を作り、本や新聞などを出版し、仏教徒であるビルマ民族とは別の近代的共同体を作り上げていった。改宗率は二五パーセントほどだったと言われており、その中から教養クラスが輩出され、イギリス植民地政府からも優遇措置が取られ、政府内の主要ポストにカレン人が登用されることとなる。今現在でもカレン人の五割は仏教徒と言われている。

キリスト教徒になったカレン人は、カレン共同体を作ろうと一八八一年、カレン民族協会を設立した。そのほとんどの幹部はスコーカレン、バプティストであり、それ以来、彼らがカレン民族アイデンティティ確立のプロセスの主流派を占めたのである。一九四九年に、カレン民族同盟（KNU）が設立された時も、ほとんどの幹部はスコーバプティストだった。だから、このタイ－ビルマ国境の難民キャンプ内の学校でも、スコーカレン語が「カレン語」として教えられている。そして、難民キャンプ内最大の建物はバプティスト教会であり、毎週日曜日には一〇〇〇人以上もの人びとが礼拝に訪れる。そのため、初めて難民キャンプを訪れた際、カレン民族はスコーカレン、バプティスト宗派が主流を占めているとの印象を受けてしまうが、実際はそうではない。スコー支族も、カレン人全体の三割、四割を占めるに過ぎず、もう一つの主流支族であるポーカレンもスコー支族に匹敵する規模を擁していると言われる。

ポーカレン

ポーカレンは、西ポーと東ポーに分けられ、西ポーは主に首都ヤンゴンから西へ広がるデルタ地区に住み、東ポーはカレン州の周辺に住んでいる。そして、前に紹介した三人の生徒達もポーカレン民族に属しており、スコーカレン語は話せない。一九九五年に、KNU内で分裂が生じて以来、KNUはスコーバプティスト教徒以外のカレン民族達との対話の場を積極的に作っていった。難民キャンプ内には寺院が設立され、ポーカレン語の講座も開かれた。こういった、「カレン民族結束」のスローガンを掲げたKNUのポリシーの一環として行われたのが、アイザックやパンワーなどスコーバプティスト教徒に属さないカレンの若者達をKYLMTCに迎え入れることだった。

KYLMTCは二〇〇二年に開校し、初年度二五人の生徒が入学した。なんと、そのうちの九割以上がスコーバプティスト教徒だった。そして、二〇〇三年、スコーバプティスト教徒が生徒全体に占める割合が五割ほどまでに落ち込んだ。デルタ地区やポーカレンの組織などから、積極的に青年達を集めた結果だった。

こうして、カレン民族解放闘争は、ある種の転換期に入っていった。それまでKNU闘争の底辺にいたポーカレンや仏教徒カレン達が、どんどん受け入れられていくことになり、カレン民族闘争が多様化の過程に突入していった。バンコクに海外カレン難民社会組織（OKRSO）という組織があるが、そこでは、タイ国内へ出稼ぎに来ているカレン人のサポートを行っている。この組織のカレン人のほとんどがポーカレンであり、バンコクに住む何千、何万といわれるカレン人出稼ぎ労働者の大半はポーカレンである。パンワーの兄はこのOKRSOの会長を勤めていた。OKRSOから何人かの若者を受け入れることで、KNUはポーカレンとの連帯を強化しようと試みているのだろう。OKRSOのリーダーは、「半世紀以上カレン民族の独立を唱えてKNUは戦ってきましたが、最近になってようやく、ポーカレンという支族の存在を認めるようになりました」と言っていた。

OKRSOとKNUが簡単にコンタクトを取れるのも、両方の組織がビルマ国内ではなくタイにあるからという理由が大きい。ビルマ軍事政権の厳しい統制下から逃れ、近代情報技術をタイで享受することにより、それまでコンタクトのなかったポーカレンや仏教徒カレン、アイザックのようにデルタ地区に住むカレン達ともKNUは簡単に連絡が取れるようになった。

そういった様々な要因が絡んで、タイ - ビルマ国境のカレン共同体は多様化のプロセスに入りこんだ。アイザック、パンワー、クリスタルのような、カレン民族解放闘争とは無縁の生活を送ってきたカレン青年達が、この国境に集まりカレン国家構想の存在を知り、難民の存在を知り、カレン国家建設のために命を落としていった何万にものカレン兵士の存在を知り、彼らはカレン民族としての新たなアイデンティティを発見することになった。

4　カレン同種偏愛主義

アイザック達がこの国境に来ることで彼らが抱く誇りについて述べたが、ここでは、彼らがこの地に来たことでぶつかる〝新しい壁〟について書く。それは、タイ－ビルマ国境のカレン共同体内に蔓延するビルマ人排他主義、言い換えると、同種偏愛的なカレン民族主義である。半世紀以上この革命闘争を続けて来たという自負、歴史的にビルマ民族に圧迫され続けてきたという被害者意識、そしてビルマ国内第二の民族グループとして他の少数民族達に対して抱く優越感など、様々な要因が交錯してカレン同種偏愛主義は高まっている。そして、この同種偏愛主義の矛先は、ビルマ民族や他の少数民族だけでなく、アイザックなどデルタ地区出身のスコーカレン語を話さない〝非国民的〟カレン人にも及んだ。

この同種偏愛主義はKYLMTC学校内に混乱をもたらすことになる。なぜなら、国境で生まれ育った生徒達はこれまでの大半をカレン共同体の中で暮らし、他の民族と個人的な関係を持った者は少ない。一方で、アイザックなどのビルマ国内の高校を卒業した者達は、同年代のビルマ民族や他の少数民族の友達を持っていた者が多い。そういった生徒達にとって、ここタイ－ビルマ国境の同種偏愛傾向が強いカレン共同体にいることは一つの試練でもあった。

歴史的な敵対民族、ビルマ人

同種偏愛傾向は、紛争下で生まれ育ち、ビルマ国軍からの脅威にさらされ続けた生徒達の間で最も強く感じられた。たとえば校内最年長であるポシャーは、ビルマ人の話となるとふだん穏やかな表情が硬直し、「ビルマ人のマインド（Mind）は、カレンにとってよくない」といつも言っていた。彼は、一六歳の時、ＫＮＵの軍事組織であるカレン民族解放軍（ＫＮＬＡ）に入隊し八年間兵隊として仕えた。彼が書いてくれた作文の一部を紹介する。

「私の祖父母は、日本軍隊やビルマ人から様々な迫害を受けてきた。そして、その迫害は今の私達の代に受け継がれている。私が幼少のころ、母は毎日同じ物語を語ってくれた。『私達カレンは、迫害から逃れるために、ジャングルの中を転々と移り住みながら生き延びてきた。』私はこの目で、自分の親戚達、そして村人達がビルマ政府の手によって殺されるのを見て育って来ました。政府軍は、私達の村を焼き払い、村中の家畜を略奪し、村の少女を強姦しました。村の男達は強制労働にかり出され、役に立たなくなれば、政府軍兵は彼らの耳や舌をナイフで切り落とし、残った胴体は焼却されます。時には、子どもだろうが女性だろうがおかまいなく、銃を乱射し、たくさんのカレンの村人達が命を落としてきました。自分自身何度も、軍隊に銃を向けられたことがありました。カレンの軍隊にいた時は、前線で政府軍と何度もやりあいました。それが死への道だとわかってても、敵陣へ突撃しなくてはなりませんでした。」

ここには、カレン民族が抱く苦しみ、悲しみ、自民族への愛情、ビルマ人に対する復讐心などが如実に描かれている。カレン民族として武器を持ってビルマ国軍に立ち向かうことが、彼にとってカレン民族を救う唯一の手段だったのだろう。カレン民族に属するというだけで親戚や友人を失った経験、そして自分自身何度も命の危機にさらされた経験を持つ彼のビルマ民族に対する憎しみは相当なものだろう。彼の生い立ちを遡ると、「ビルマ人のマインドはカレンにとっては危険」という彼の人種差別発言に対して私が抱く違和感は、ただ彼のような体験をしたことのない私の平和ボケから来るものなのかと考えさせられる。

実際、ポシャーのように、紛争地帯で生まれ育った者の多くは、家族や友人を戦争で亡くしている。ビルマ国軍に直接殺されたケースもあれば、栄養失調、マラリアなど劣悪な生活環境が死因の場合も多々ある。こういった、追いつめられた状況にいるからこそ、カレン民族主義に精神のより所を求めていくのではないのだろうか。カレン語を守り、カレン共同体を守り、カレン民族を愛し、そして、その帰結として、カレン民族の外にいる者に対しては優越感を抱いたり、嫌悪感を抱いたりもする。

トメトー氏――カレン同種偏愛主義の扇動者

私の四カ月滞在の中で、カレン同種偏愛の兆候が最も顕著に見られた人は、カレン史の先生であるトメトー氏だった。すでに述べたように、彼は三〇年以上、KNUの兵士として前線で戦い、現在はカレン民族解放闘争の歴史を若い世代に受け継ぐために国境地帯のカレン民族の学校で教え回っている。彼の外国人嫌いは目に余るものがあり、四カ月間、日本人である私のインタビュー要請をまったく受けつけようとしなかった。そのうえ、彼は生徒達に、「外国人に内部事情は話すな。

彼らはカレンの状況を聞きに来るだけで、私達の支援をしようとはしない。それどころか、ビルマ国軍の側について、私達についての情報を提供する者だっているのだ」と忠告する始末であった。

ビルマ中央部のデルタ地区で生まれた彼は、就職の際にカレン民族に属しているということで差別を受け、カレン革命闘争に身を投じる決心をした。トメトー氏のように、デルタ地区からタイとの国境付近のカレン解放区へ移り住んだカレンはたくさんいた。半世紀以上続くカレン民族解放闘争は、トメトー氏のようなカレンにとっての、ビルマ族優越主義に対する駆け込み寺の役目をなしていたのかもしれない。

毎年七月一六日は、カレン民族防衛軍結成記念日。一九四七年七月一六日、約三〇万のカレン人が独立を叫び、大規模なデモを行い、カレン民族防衛軍結成の契機になった日として語り継がれている。当日、生徒達はカレンの衣装に身をまとい、学校で開かれる式典に臨んだ。その式典にトメトー氏が来賓として招かれ、三〇分ほど演説をした。声が大きく、若者を駆り立てるように話す彼の振る舞いを見ていると、先生というよりも政治家のようにも見える。フェリックスが私の耳元で同時通訳をしてくれた。

「カレン民族防衛組織は、ビルマ族の悪の手からカレンを守るために、一九四七年に設立されたのだ！」と、演説を始めた。彼が主張した点は主に三つだった。

(1) カレン族は歴史的に教養があり、植民地政府の主要スポットを与えられていた。しかし、問題は、カレン族が政治的交渉力に長けていなかった。ビルマ族は、とても口がうまく、彼らの利益のためなら、どんな汚いことでも平気でした。そのため、私達カレン族はだまされ続け、今日のような圧迫された状況にいたったのだ。

(2) ビルマ族が私達の村を焼き払い、すべてを破壊し始めたので、一九四九年、カレン革命闘争の幕が切っておとされた。

(3) ビルマの数多い少数民族の中でも、私達カレン族が、ビルマ政府の圧政に対して立ち上がった最初の集団である。その後、他の数々の少数民族は私達をモデルとして、ゲリラ組織を立ち上げ始めた。

カレンは善、ビルマは悪で、半世紀以上の解放戦線は正当防衛であり、私達は圧制の犠牲者である。そして、数多いビルマの少数民族の中でも、カレン民族が一番最初に武装闘争を始めた民族であり、少数民族勢力のリーダー的存在だということを生徒達に伝えようとしている。ビルマ民族はカレン民族と違い野蛮でうそつきな性格、そして他の少数民族達はカレン民族を頼りにしている。こういった解釈を生徒達に提供することで、ビルマ人に対しての嫌悪感、そして他の少数民族に対する優越感を煽っているようにも見える。

実際、生徒達の作文には、「カレンは少数民族闘争の頭だ。他の少数民族のゲリラ組織は、何か困ったことがあると、必ず私達に相談に来る」「カレンは正直者で平和的、ビルマ人は攻撃的で、うそつき。私の父親はビルマ人にお金を騙し取られました」「カレンはどんな困難があろうとも立ち向かい、決してあきらめない」などなど、トメトー氏が教えていることが、生徒達にしっかりと伝わっている。

ジョン事件――他の少数民族に対する優越感

ある日、トメトー氏の同種偏愛的なところが、ある事件を勃発させることになった。すでに紹介したジョン。彼は、校内唯一カレン民族に属さない生徒で、ビルマの主要少数民族の一つであるチン民族に属している。

私は毎月一回行うアンケートで生徒全員に、彼ら自身が抱く民族意識について書き表してもらったのだが、ジョンだけは何も書こうとしなかった。「自分の民族に属することに対して感情なんてありません。だから、私には何も聞かないでください。」彼は、私にこう告げた。

ある日、ジョンがチン民族であるということが、生徒全員に卑劣な形で暴露されてしまうのだ。その日の歴史の授業中、教室の隅に座って窓の外をボーっと眺めていたジョンをトメトー氏が怒鳴りつけた。「なんで、授業に集中しない？　なんで、こんな隅っこに座っているのだ！」ふだん、教室の隅に座る生徒は何人かいるのだが、トメトー氏は何の注意もしてこなかった。その日はたまたまジョンだけが隅に座っていた。ジョンは、ただただ笑みを浮かべながら、大柄のトメトー氏を申し訳なさそうに見つめていた。そしたら、生徒全員を背にしてトメトー氏はジョンにこう怒鳴りつけた。「お前がチン民族だということはわかっているのだぞ。そんな隅っこに座って、授業に集中しないから、いつまでもチン民族はわれわれカレンに頼らなくてはならないのだ！」校内の生徒三〇人全員の前でこのような蔑視的な叱責を受けたジョンは、ただうつむいたまま誰とも目をあわせることなく座り続けていたという。

私自身その現場にいたわけではない。この事件が起きた一週間後にアイザックから聞いたことだ。

私は、ジョンについては滞在初日から特別気にかけていた。同種偏愛の傾向が強いカレンの学校の中に紛れ込み、カレンの民族衣装を身にまとい、他の生徒に自分がチンだということを明かすことのできないジョンに深く同情していた。教師として私は、ジョンが学校内で孤立しないよう心がけて来たつもりだった。彼がチン民族だということも時間がたつにつれて、ジョン自身が他の生徒に伝えられるようになると思っていた。

それが、このような人種差別的叱責によって、ジョンがカレン民族でないことが他の生徒達に知られることになるなんて……。やるせない思いだった。同時に、トメトー氏に怒りを感じた。

誰よりも辛かったのはアイザックだった。行き場をなくしたジョンに同情したアイザックが廃校になった機械学校の創始者を通してカレン青年組織（ＫＹＯ）に頼み、ジョンは特別入学許可が与えられたからだ。「他の生徒が隅に座って窓側を眺めても、トメトー先生は何も言わなかったのに。ジョンの時だけああいうふうに怒るなんて。ジョンは私がこの学校に連れて来たのです。だから、あんなふうにジョンが言われて切なかった。ジョンに申し訳ない気持ちでいっぱいでした。」

たしかに、日本の学校の教室に一人だけ外国人が混ざっていたら、いじめの対象にされることはあるかもしれない。しかし、教師がこのような排他的発言を生徒全員の前ですれば、その教師に何らかの処分が下されるだろう。私はフェリックスを問い詰めた。「こんなことがこの学校ではまかり通ってもいいのか？」フェリックスは、「たしかに人種差別ですよね。でも、私達にはどうすることもできません。トメトー先生に逆らえる人などいませんし、彼がいなくなったら、誰もカレンの歴史を私達に語り継いでくれる人がいなくなりますから。」

民族闘争下にいる彼らにとって、リーダーに絶対的な忠誠心を捧げることは義務である。KNUの幹部であるトメトー氏に対して、不満を述べることなどありえないことだ。そんなことをしたら、「非国民」のレッテルを貼られ村八分されてしまうからだ。

「非国民的」カレン人

そして、カレン共同体の同種偏愛主義の矛先は、ジョンだけでなく、アイザックのようにスコーカレン語を話せず、カレン革命闘争について知らなかった「デルタカレン」生徒にまで及んだ。アイザックは、マリアという女子生徒に想いを寄せていた。マリアは、父親がKNU幹部で、国境で生まれ育ち、難民キャンプにずっといたためビルマ語はあまり話せない。ある日、アイザックにマリアとの関係についてたずねたところ、「ふられました。スコーカレン語を話せない人とは付きあえないって彼女に言われました」と、いつもの笑顔で淡々と語った。

ある晩、私はマリアと二人で話をしていたら、彼女が抱く「デルタカレン」に対する偏見を垣間見ることができた。「私は、今までスコーカレン語を話せないカレンの人に会ったことがありませんでした。だから、私にしてみれば、アイザックみたいにビルマ語で話しかけてくる人はビルマ人に等しいです。彼らはカレン人なのに、スコー語を学ぼうとしないのです。授業がわからなければ平気でビルマ語で質問しようとしてだらしないですね。」

言語の問題だけではない。前に述べたように、ビルマ国内の学校で教育を受けた者達は、タイ－ビルマ国境に来るまでKNUの民族解放闘争の存在を知らなかった。そのため、難民キャンプ内で生まれ育ったカレン青年達にとっては、彼らの無知は「背信行為」に映るのだろう。

スコー語を話せずビルマ語で話しかけてくるカレンの生徒達に対する偏見を象徴する出来事が去年起こった。ある日、学校内でビルマ語が過度に使用されていることに腹を立てたKYOの幹部が学校にやって来て、「この学校の敷地内でビルマ語を話すな!」と生徒達に命令したのだ。その時、ポーカレンの生徒は、「私達は、この学校にはいてはいけないのかと思いました」と当時の心境を話した。

つまり、去年の段階ですでに、デルタ出身のカレン青年達への偏見はあった。そして、今年の新入生を受け入れる過程で、デルタからのカレン青年を迎え入れることに対して反対した幹部が数多くいたという。

「デルタカレン」を受け入れるべきか?

KYLMTCは二〇〇一年に開校した。初年度、三五人生徒を受け入れたが、そのほとんどは国境出身、スコーカレン民族の青年達だった。そして、二〇〇二~三年度、多種多様のカレン青年を受け入れようとKNUは方針転換し、スコーカレン民族の割合は五割程度まで下がった。ビルマのデルタ地区に住むカレン人、ポー民族や仏教徒、カトリック教徒などが入学してきた。そして、今年、二〇〇三~四年度の新入生受け入れの方針を決定する会議で、運営者間で対立が生じた。KYOのリーダーであるユワヘイは、デルタカレンなどの他の支族や宗派に属するカレン青年の受け入れを止めようと訴えた。しかし、その前の年校長を務めたシラは、前年と同じようにスコー民族以外の青年達も積極的に受け入れ続けるべきだと反論したのだ。

その対立について、シラはこう教えてくれた。

「KYOは、カレン民族解放闘争に忠誠心を払おうとしないデルタ地区からのカレン青年を受け入れようとしませんでした。デルタからの生徒達は自分達の教育レベルの向上のためだけにこの学校に来て、学ぶだけ学んだらカレン解放闘争のことなど忘れてしまう。だから、カレンの革命闘争を引き継ぐ意思のある若者だけを受け入れようと、KYOは必死でした。」

しかし、シラはそれに毅然とした態度で反論する。

「これからのカレン共同体を考えていくうえで、他の宗派や支族のカレン青年を受け入れていくことは重要だと思います。去年、私が校長を勤めた年に何人もの生徒達が、タイ‐ビルマ国境でカレンの歴史について学び、カレン難民の存在を知ることで、カレン人としてのアイデンティティを確立していったのです。たしかにスコー語を話せないし、国境で育ったものと比べたら、リーダーに対しての忠誠心が欠けている部分があるかもしれませんが、そういった若者達を巻き込んでいけるような柔軟性がなかったら、カレン共同体はとても閉鎖的な集団になってしまうのではないかと思います。」

いくらシラが正論を述べたところで、権限はKYOにある。結局、二〇〇四年度の新入生の七割以上をスコーカレン民族の青年達が占めることになり、その前の年と比べて大幅に割合が増えることになった。アイザックやパンワーのようにスコーカレン語を話せない生徒は、三〇人中八人となった。それでも、七、八人の生徒が他の宗派や支族から集められた背景にあるのは、シラの力によるものだろう。

五五年間戦い続けてくれたカレン革命家達

タイ－ビルマ国境で生まれ育ったカレン人は、五五年以上国際社会の力を借りず自分達だけでビルマ国軍に対して闘い続けてきたという自負がある。この半世紀の間、命を懸けて戦い続けてくれたたくさんのカレン兵士がいたからこそ、今の自分達が存在していると信じている。KNU幹部の父親を持つ、ソロネットは作文にこう綴っている。

「私は革命家の血を受け継いでいる。カレン革命家達のおかげで、今の私がいる。だからこそ、私は、その分、恩返しをしなくてはならない義務がある。彼ら、カレン民族のために命を捧げてきた何万ものカレン人のためにも、私はカレン共同体に身を捧げようと思う。」

そして彼は、カレン革命闘争へ身を捧げようとしないカレン人に対しての不満をあらわにしている。

「最近のカレン青年の中には、革命闘争へ身を捧げようとしないものが多い。私のいとこはタイで生まれ育ち、タイの学校に行き、タイ語を話し、カレン語を話そうとしない。カレンの歴史なんてまったく知らない。彼らは、タイの経済発展に魅了され、自分達の経済的地位のことしか頭になくカレン共同体を捨てたのだ。私は、彼らを見ていて恥ずかしくなる。」

つまり、カレン語を話さず（この場合スコーカレン語をさす）、カレンの歴史を知らないものは、「非国民」のレッテルを貼られるのである。そして、このKYLMTCは、将来のカレン共同体のリーダーを育成するための教育機関であり、そこにアイザックやパンワーのようにスコーカレン語を話せず、カレンの歴史についてそれまで何も知らなかった生徒達が入って来ているのだ。そんな生徒達を見て、国境で生まれ育ったカレン人が不信感を抱くのも仕方ないような気もする。

クリスタル対パシャー

私は四カ月間、彼らの先生として学校に滞在し、毎日二コマの授業を受け持っていた。その授業で生徒達に、課題の一つとして「公衆演説」を課していた。毎日、授業の最初の五分間、一人の生徒が前に立って、夢や過去の思い出などを英語で話し、その後、クラスメートと質疑応答をするという課題だ。クリスタルは、この演説で、彼女がビルマに住んでいたころの思い出と将来の夢を発表した。

「私は、ビルマに住んでいたころ、カレンの歴史について何も知りませんでした。KNUの存在も知りませんでした。今、こういったカレン革命について知らないカレン人がビルマにはたくさんいます。だから、将来、国境に住むカレン人とビルマ国内に住むカレン人を、セミナーなどを通じて結束させるよう努力していきたいです。」

質疑応答で、パシャーという男子生徒が反論した。パシャーは、ポシャーのように元カレン兵士であり、KNU幹部の父親を持つ。カレン軍の基地で生まれ育った彼にとって、ビルマ国内のカレン青年がKNUについて知らないなんて受け入れがたい事実なのだ。彼は言った。

「ビルマ国内のカレン人がKNUについて知らないなんてウソだ。きっと彼らは、知っていても、ビルマ国軍が怖くて口にできないだけさ。」
それを聞いてクリスタルは、すかさず反論する。

ク：私達は知りませんでした。あなたは、ＫＮＵの解放区で生まれ育ったから知っているけど、私達はビルマ国軍の下で生活をしていました。だから、知りようがありません。
パ：でも、あなたはカレン州内に住んでいたでしょう？
ク：カレン州内だけど、ビルマ国軍が統治していました。
パ：教会に行けば、カレンの歴史について教えてくれるさ。牧師が私達の状況について教えてくれるはずだ。あなたが教会に行かなかったから、知らなかったんだ。
ク：私は教会には行っていました。でも、牧師は決してカレン革命については語ろうとしなかった。それもそのはずです。もし、ＫＮＵの言葉を発すればそれだけで処刑されてしまうのですから。

クリスタルはパシャーのほうへ駆け寄って、座っているパシャーを上から見下ろし反論した。そして、ふだん物静かな、セクドゥという女子生徒もクリスタルの陣営に加わってパシャーを追い詰めた。セクドゥもクリスタルと同じようにビルマ国内出身で、タイ－ビルマ国境に来て初めてカレン革命闘争について知ったのだ。ふだん物静かでも、カレン革命闘争のことになると、生徒達全員目の色が変わるのだ。

この学校に通うということは、非国民的レッテルを貼られないための戦いでもある。自分のことを、日々自己防衛していかなければならないし、回りの行動に対しても敏感にならなければならない。パシャーがとった行動も、クリスタルとセクドゥがとった行動も、このKYLMTCという学校の一員として認められたいがゆえの結果なのだろう。

カレンの同種偏愛主義は様々な要因が交じりあって助長されている。五五年以上ビルマ国軍に対し、自分達だけの手で革命闘争を続けてきたという自負が根底にはある。そして、国際社会からずっと見捨てられてきたという被害者意識も強い。だからこそ、トメトー氏のような外国人嫌いで他の少数民族に優越感をあらわにする先生もいれば、ビルマ語を話し、カレンの革命闘争について知らなかった生徒達に対して不信感を抱く生徒達もいる。こういった、民族主義が高揚し、排他的な環境で、アイザックやクリスタルのような少数派の生徒達はどう日々を過ごしていくのだろうか。

5　不安、困惑

カレン同種偏愛主義が高まる環境に身を置くことで、何人かの生徒達は不安を抱えて日々を過ごしていた。校内主流派である国境出身の生徒達の間には、あくまで狭義的な「カレン人」という定義があり、それに当てはまらない生徒達が抱く孤独感は相当なものだ。彼ら、彼女らはそのような不安や悩みについて、決して他人に明かそうとはしない。私みたいな外部者がそういった生徒達の内部の悩みについて知ることができたのは、毎月やっているアンケートのおかげだった。

カレニ州出身のカレン人

作文で、カレン民族主義に対して違和感を最もあらわにした女子生徒がシナサンだった。成績優秀であり、英語も堪能に使いこなす。そのうえ、ビルマ語もスコーカレン語も流暢に話せ、三〇人すべての生徒から絶大な信頼をえていた。事実上のリーダーである。彼女は、タイ－ビルマ国境最北部メーホンソン周辺にある難民キャンプ出身だった。タイ－ビルマ国境には二〇〇四年時点で、九つの難民キャンプがあり、八割以上の住人がカレン人で、残りの二割はもう一つのビルマの少数民族であるカレニ人が占める。そして、このメーホンソン周辺には二つのキャンプがあり、主にビルマのカレニ州から逃れて来た人びとが住んでいるため、カレン人よりもカレニ人の方が多い。

この二つのキャンプは、他の七つのキャンプとは少し環境が異なっている。最も大きな違いは、キャンプ内の公用語がカレン語ではなくビルマ語であるということ。他の七つのキャンプと異なりカレニやカレンなど様々な民族が入り混じって住んでいるため、カレニ語もカレン語も公用語として機能できないのだ。そのため、シナサンは他の難民キャンプ出身の生徒達とは違い、ビルマ語を話しながら他の民族と共同生活してきた経験がある。そのうえ、他のビルマ国内出身の生徒達とは違い、紛争地帯で生まれ育っており、カレン人が独立を求めて武装闘争を繰り広げてきたことを子どもの時から知っている。つまり、国境カレン人とデルタカレン人、双方の資質を持っている生徒なのだ。

彼女の存在を目立たせるもう一つの要因が血統である。KNUがカレン民族の自治権を求める武装組織であるように、自治権を求めるカレニ民族にもカレニ民族進歩党（ＫＮＰＰ）という武装組織があり、ＫＮＵ同様、一九四九年以来ビルマで武装闘争を続けている。現在のＫＮＰＰの代表を務めているのが、なんとシナサンの父親である。カレン民族であるシナサンの父親がカレニ民族の武装組織の代表というのは妙なことではあるが、歴史的にカレニ民族とカレン民族は近い関係にあり、政治的にも一九四九年以来ビルマ国軍に対して一緒に戦ってきた経緯がある。

最初のうちは、シナサンは私に心を開こうとはしなかった。見ず知らずの外国人に、すんなり心を開くほうがおかしいのだが、彼女の場合、お父さんの役職柄、外部の人には特に警戒心を持っているように見えた。それが、滞在二カ月目くらいから、私と色々な話をするようになっていく。毎月行ったアンケートが、その変化を物語っている。計四回（毎月一回）のアンケートで、私は生徒達が彼らの民族に属することについての思いを記してくれるよう頼んだ。シナサンは最初の二つのアンケートでは、他の生徒と同じようなことしか書いていなかったのだが、三回目、四回目では、彼女のカレン民族主義に対する違和感が書き綴られている。アンケートを書いてもらう際、私は個々の生徒が書き終わり次第教室を出てもよいことにしている。一、二回目、シナサンはほんの二〇分くらいで書き上げて教室を出て行ったが、三、四回目、彼女は一時間近く、教室内に最後まで居残りアンケートに没頭していた。

三回目のアンケートが終わった後、私は彼女に聞いてみた。

私：今回のアンケートは、かなり気合入れて書いてたね！

シ：……。私のアンケート、誰が、翻訳するのですか？
私：まだ、わからないけど、アンケートの名前は伏せて翻訳してもらうから心配することはないと思うけど。
シ：……。

彼女は心配した表情を隠さなかった。私は生徒達のプライバシーを守るため、翻訳してくれる人にはアンケートの名前を伏せて翻訳してもらっていた。英語に翻訳された彼女のアンケートを読んでみて、彼女が心配していた理由がよくわかった。そこにはこう書かれていた。

「本当に親密な人間関係が築けるのは同じ民族出身の者だけだと、子どものころからお父さんは私に教えてきました。でも、私が今まで一番親密な関係を持った人はカレン人ではありませんでした。彼はカレニ民族でした。私は、色々な民族の人達とかかわる中で感じたことは、どんな部族に属していようとも、結局皆同じ人間なのだということです。だから、私は、自分がカレン人でいることに違和感を抱くことがあります。カレン人でいるという事実が私にとって重荷になる時があるからです。私には、何で民族差別とかが起こるのかよくわかりません。私にとって、カレン人の考え方はとても威圧的に映る時があります。」

KYLMTCの生徒がこんなことを書いているということが、KYOなどに知れたら大変なことになるだろう。KNUが運営する学校に通う生徒であるシナサンが、KNUの閉鎖的な民族主義にはついていけませんと、断言しているのだから。おそらく、お父さんはもちろん、他の友人達にも明かすことのできない、彼女がカレン人に属するがゆえに抱く困惑。「皆、同じ人間だ」という、彼女の思いを他の生徒が理解しているからこそ、彼女のことを信頼して、リーダー格に押し上げるのだ。しかし、その確たる考え方は、カレン同種偏愛主義と矛盾することでもある。それは、彼女の四回目のアンケートに鮮明に描かれている。このアンケートが書かれたのは、私がこの学校を去る一〇日前だった。

「ここにいるカレン人は、『よいカレン人』と『悪いカレン人』にカレン人を二分化する傾向がある。たとえば、カレニ州出身のカレン人を、本当のカレン人として見なさず、カレニ人と混血している『半カレン人』と見なしたりする。先日、ノーマン（副校長先生）は私に、カレニ州にカレン語（スコーカレン語）を話せる人がいるとは思わなかった、と言った。私はこういうカレン人の考え方は嫌いだ。実際は、カレン人はたくさんの支族、宗派から成り立っていて様々な言語がある。でも、そういったカレンの多様性を理解しないカレン人がいる。彼らは、他の宗派や言語を話すカレン人を、カレン人と見なさない。この学校の友人達がカレニについて理解してくれないことを、私はとても悲しく思う。彼らは、カレニ州で生まれ育った者は皆カレニ人だと思っている。皆、私がカレニ人だと思っている。だから、私は時々、この学校にいるべきではないように感じる時がある。なぜなら、彼らは、私達をカレニ人だと思っているから。でも、それは間違っている。」

シナサンは、カレニ州で生まれたカレン人である。カレン人はビルマ国内に散らばっていて、カレン州内に住むカレン人は全体の二割に過ぎないと、ＫＮＵ幹部は言っていた。しかし、この学校の生徒達、特にタイ－ビルマ国境で生まれ育ったカレン青年達は、とても狭義的な「カレン人」という定義を持っている。これは前に述べた、カレン同種偏愛主義と同じことだろう。カレン人とは、KNUの統治のもとで生まれ育った者であり、スゴーカレン語を話す者で、他の少数民族地域から来た者ではない。シナサンのように、ビルマ語を流暢に話し、カレニ州で生まれ育ち、カレニ人の彼氏がいたような者は、生粋のカレン人として見てもらえないのかもしれない。

もしくは、周りはシナサンをカレン人として認めていたとしても、シナサン自身が、カレン革命闘争家の間にある排他的なカレン民族主義を認められないからこそ、この学校に帰属意識を持てないでいるのかもしれない。

私は授業の一環として、英字新聞の記事を生徒達に読ませ、世界で起きていることについて討論させたり感想文を書かせたりしていた。そのうちの一つに、タイに住むあるカレン人についての記事があった。そのカレン人は、タイの暴力団に濡れ衣を着せられ、麻薬取引の容疑をかけられ牢獄生活を強いられたが、タイ女王の計らいで無罪放免された。彼は、「すべて、タイ女王のおかげです。私は立派なタイ人になれるよう、これから努力したいです」と、コメントしている。

彼のこのコメントについて、大半の生徒達は憤慨した。「カレン人が皆彼のようにタイ人に同化していったら、カレン人がこの世から消えてしまう！」と、嘆く生徒までいた。タイとビルマでは賃金差が一〇倍もあり、一〇〇万人以上の出稼ぎ労働者がビルマからタイへ流入している。その中にはむろんカレン人も含まれており、タイの経済発展に魅了されてタイ人に同化していくカレン人の若者が後をたたないと聞く。大半の生徒達が憤慨する中、シナサンだけは違った。彼女は、「彼がタイ人になりたいならそれは仕方のないことだと思う。この学校の他の生徒達は嫌がるだろうけど、私は彼の自由だと思います」と、他の生徒達と一線を画していた。

私にとってシナサンの存在は重い。私が抱くカレン民族主義に対する違和感を共有できる生徒がいるということが嬉しかった。民族主義、同種偏愛主義は、ここにいる大半の生徒達にとって精神的な支えになっている。それが彼らの孤独感や過去の悲しみを和らげるものであるなら、私は、民族主義も悪いものではない、と感じる時がある。しかし、そのせいで、身近にいる友人の痛みに共鳴できないのなら、私は民族主義というものにはどうしても同調することができない。カレン民族主義、同種偏愛主義が高揚するこの学校で、シナサンのようなカレニ州から来たカレン人が抱く疎外感を、皆が共有できるような民族主義というのはありえないものなのだろうか。

アイザック――デルタカレンのグループ化

カレン民族主義に違和感を抱いた生徒はシナサンだけではなく、私の盟友であるアイザックもだった。彼の親友であるチン民族のジョンがトメトー先生に人種差別的叱責をくらい、彼が想いを寄せているマリアにスコーカレン語が話せないとの理由でふられた背景もあり、彼のカレン民族主義に対する不満は、シナサンよりあからさまで公然としていた。アンケートにこっそりと不満をぶちまけたシナサンと違い、アイザックは私と顔をあわせながら、彼が学校で抱く孤独感を語ってくれた。

彼は、学校が始まる前から、デルタ地区出身の生徒と国境出身の生徒とで亀裂が生じるのではないかと危惧していた。むろん、言語が違うのだから、グループ化が起こるのは仕方のないことなのかもしれない。実際、私がここに来て一カ月、デルタ地区からのカレン青年のグループ化は顕著だった。当初は、男子生徒、皆入り混じって一階のドミトリーに寝ていたが、そのうちデルタカレンが一人ひとり、二階の大広間に自分の寝具を持っていき始めた。私はフェリックスと一緒に二階で寝ていたのだが、気がつけば、私の隣にジョン、ウィリアム、スカント、アイザック（皆デルタカレン）と、並んで寝るようになっていた。フェリックスがデルタ出身で、スカントやアイザックとは旧知の仲ということもあって、そこに寝具を移動しやすかったのだろう。私がフェリックスと仲がいいこともあり、国境出身の生徒達と比べ、デルタカレンの生徒達との親密度のほうが日々濃くなっていった。

寝る場所だけでなく、ふだんの過ごし方にもグループ化は見られた。毎日四時から五時までの自由時間に、グランドでサッカーをする生徒はデルタカレン、セパタクローをする生徒は国境出身の生徒達が主流となっていった。夜の勉強時間も、グループごとに固まる傾向にあった。

「カレン人結束」のスローガンを掲げる学校にとって、このような言語、宗派で隔てられるグループ化は放っておけるものではなかった。私も、それに危惧を感じて、毎日のようにフェリックスやアイザックに冗談めかして「デルタカレン共同体でも作るつもりか？」と、冷やかした。彼らはそのたびに、「たまたまの偶然が重なって私達が一緒にいるだけですよ」と、グループ化を否定した。もちろん、私は彼らだけに責任があると思っていたわけではない。ただ、デルタカレン生徒とのほうが親密な関係になっていたので、こういった冷やかしが公然とできたというだけのことだ。

彼らが固まってしまわなければならないような原因を、周りの国境出身の生徒が作っているという面もあるはずだが、カレン語もビルマ語もわからない私にそのような深い内情を察することはできなかった。

しかし、ある晩、次の日の授業の準備に追われている私のところに、アイザックが困惑した面持ちで近寄ってきた。他の男子生徒は、テレビの前でアテネオリンピック観戦に夢中になっている。

ア：先生は、なんで、いつも私達にグループ化するなって言って来るのですか？　なぜ、他の生徒には言わないで、私達だけに言ってくるのですか？

私：それは、あなた達とは冗談を言いあえる仲だと思っているからだよ。

グループ化を常に否定してきた彼が、突然こんなことを聞いてくるので私は少し驚き、どうしたのかと尋ねた。

「さっき、私達（デルタ生徒）はトゥトゥ（校長先生）に呼ばれました。彼女は、私達にデルタカレンで固まらないようにと言いました。もっと、他の生徒達とも遊ぶようにとも。」

たしかにトゥトゥは、生徒内に起きている亀裂を危惧していた。ただ、デルタカレン生徒だけを呼びつけて注意するというのはどういうことか。

「私達は、グループを作ろうなんてつもりはまったくないのです。学校内の亀裂が私達のせいにされているみたいで、何か腑に落ちません。私にはもうどうすればいいかわからない。」

スコーカレン語を話せないものはカレン人じゃないという偏見があるこの国境地帯で、彼らデルタカレンが固まってしまう原因を彼らだけに追究するのはあまりにも理不尽だ。

「君から見て、国境出身の生徒達とデルタカレン生徒に違いはある?」

この質問は、これまでアイザックに何度もしてきた質問だった。そのたびに彼は、何の違いもないと固く断言してきた。私はこの機に、彼が本音を私に打ち明けてくれるのではないかと思い、もう一度尋ねてみたのだ。彼は少し考え込んでから。

ア:彼らは私達のことを「怠慢」だと思っているように感じます。

私:どういうこと?

ア:うまく説明できませんが、私達がいつも怠けているかのように、彼らは私達のことを言います。

「彼ら」と「私達」という代名詞は、むろん、国境カレンとデルタカレンをさす。アイザックが、このような代名詞を自然に使うこと自体、学校内に見えない亀裂があることを如実に示している。

「怠慢」という単語は、去年、この学校を訪れた時にも聞いた言葉だった。その時は、カレン青年組織の幹部と、去年の生徒達について話していた時だった。その幹部はこう言っていた。

幹部:今年はデルタからの生徒がたくさん来た。彼らはとても怠慢で困る。カレン民族共同体に身を捧げようとする姿勢が見られない。

彼らがビルマ語を話すこと、そして、カレン解放闘争の歴史を知らなかったことなどがおそらく関連し、国境のカレン青年に比べたら、武装闘争に身を捧げるようには写らないのかもしれない。この幹部が去年抱いたイメージが、おそらく今年の学校内にも語り継がれ、デルタカレン青年に対する偏見が残っているのかもしれない。

アイザックが今抱えている困惑は、自分が「カレン国家共同体」の一員として認められず、内部に亀裂を生じさせている原因として見なされるがゆえにあるものだ、自分が「カレン民族」であるにもかかわらずに。あなたは「よいカレン人」ではありませんよ。だって、「よいカレン人」とは、スコー語を話し、カレン共同体のために忠誠を誓い、内部に亀裂を生じさせるなんてことしませんから。「怠慢」なカレン人はここには、いりません。じゃあ、アイザックは一体、どこに行けばいいのだろうか？

私：君が、国境出身の生徒達と一緒にいる時、彼らはビルマ語で話してくれるの？

ア：いいえ。いつもスコーカレン語で話しています。それで、私も時々、何について話しているのか聞いてみるのですが、教えてくれない時があります。

難民キャンプ内の学校では、ビルマ語は小学校のころから必須科目とされている。そのため、国境出身の生徒の大半は、最低、日常会話レベルのビルマ語は話すことができる。おそらく、アイザックにしてみればビルマ語で話してくれてもいいじゃないか、と言いたいところなのだろうが、このようなビルマ人排他的な雰囲気では、背信行為と見なされるだけだろう。国境出身のカレン人にしてみれば、五六年以上命をかけて守り続けてきた彼らの言語や習慣をビルマ語に侵されるのだけはごめんだ。

私：君は他の生徒についてどう思っているの？
ア：私から見たら、勉強時間でも勉強しない生徒達の方こそ怠慢です。そういう生徒達からは、学業面での向上心が感じられない。宿題を最小限の時間でやり、後はテレビを見る。先生に言われたこと以上のことはやらない生徒が何人かいます。

たしかに、そのような傾向はある。この学校にはKNU幹部の子ども達が何人かいて、そういう生徒達は親からこの学校に送られて来ているため、この学校で特別な目的意識を持っているわけではない。学校に在籍し、リーダー達に忠誠心さえ抱いていればそれでいい、というような考え方があるように見える。もちろん、彼らがどんな悪い点数を取ろうが、この学校から退学されることはないのだから、当然のことなのかもしれない。
「学校が始まった時から、こういう亀裂が生じることは予感していました。私達の去年の機械学校の先生が、カレン青年部に、私達を受け入れてくれるよう頼みに行った時、幹部の方は『デルタカレンを入れると、タイ警察に見つかる可能性があるから、受け入れたくない』と言ったそうです。タイ警察が、デルタカレンと国境のカレンを区別できるわけないのに。それを聞いて、私はこの学校に来ることが怖かった。」

アイザックが予感していたことが的中した形になった。それにしても、カレン青年組織の理不尽さにはあきれてしまう。アイザックは続けた。

「もう、サッカーをするのも、何をするのも怖くなりました。デルタの人達といれば、亀裂の原因と非難されるし、国境の人達といれば怠慢と言われるし。もう、何がなんだかわからないです。私は、カレン解放闘争に参加できる自信がなくなってきました。ビルマに帰りたい……。」

会話は深夜の一二時まで続いた。他の生徒達は、私達のことを気にもせずテレビ観戦に熱中している。バタフライ一〇〇メートル決勝。プールなど見たこともない彼らにとって、さぞ珍しいイベントなのだろう。アイザックの苦しみを察知している生徒はこの中に一体何人いるのだろう。

前述したように、彼はタイ - ビルマ国境に来ることで「カレン人」として誇りを抱けるようになった。KNUというカレン民族の母体組織があることを知り、カレン国家の一員になれるということに、とても誇りを感じていた。しかし、他の生徒達のビルマ人排他主義、ジョン事件、マリア発言などに直面。国境出身の生徒達のような「よいカレン人」には自分はなれないという現実を直視せねばならなかった。そして、校内のグループ化現象に対して責任を追及され、彼が抱く困惑は助長されることとなった。私は、アイザックの苦しみをどう和らげてやれるのだろう。その日は、そんなことを考えながら床についた。

シナサンとアイザックが抱える孤独感には共通したものがある。カレン人であるにもかかわらず、カレン人として周りに認めてもらえない悲痛さ。そして、思い描く「理想」のカレン共同体と「現実」との乖離。近年、「カレン人結束」をスローガンに掲げるKNUだが、そのスローガンをもってしても国境のカレン人によって長年築き上げられて来た「閉鎖的」カレン民族主義を変えて行くことは容易ではない。ビルマ語を話しスゴーカレン語は話せないカレン人、他の少数民族地域出身のカレン人、カレン革命闘争を知らずに育ってきたカレン人などは、KNUにとって「カレン人」の定義には当てはまらない。アイザックやシナサンなどのカレン人を受け入れられるだけの柔軟性がこの国境のカレン共同体には欠けているように見える。アイザックが想いを寄せているマリアの発言、「今までスゴーカレン語を話せないカレンの人に会ったことがありませんでした。私にしてみれば、……ビルマ人に等しいです」は、その閉鎖的なカレン民族主義を明かしている。

アイザックやシナサンが抱える疎外感は、まさにその閉鎖的なカレン主義に原因があるだろう。遅かれ、早かれ、カレン共同体はこういったカレン人達を受け入れざるをえなくなる。KYOがやろうとしたように、デルタカレン人を共同体から締め出すようなことは不可能だろう。だったら、今この機会に、アイザックやシナサンの声に耳を傾ける機会が提供できないものか。外国人に対しての不信感が強いこの学校で、私が彼らの内部事情に頭を突っ込むことはかなりリスクを背負うことだ。だが、疎外感を抱く生徒達を見て、何もしてやることができないのはあまりにもやるせないものがあった。

6　対　立

いよいよ私の滞在も終わりに近づいてきた。

すでに述べたが、私は毎日生徒一人ずつ五分間、授業の最初に「公衆演説」を課していた。そして、生徒全員がやり終えた後、演説がうまかった四人の生徒を投票で選抜し、私の最後の授業として、その四人で「公衆演説」大会を行うことにしたのだ。生徒達は、英語のレベルによってAとBの二つのクラスに分かれており、各クラスから二人を選抜した。Aクラスからは、シナサンとアイザック。Bクラスからは、スカントとミミウーがそれぞれ選ばれた。シナサンはカレニ州出身、アイザック、スカント、ミミウーはデルタ地区出身である。つまり、全校生徒の過半数以上を占める国境出身の生徒が一人も選出されなかったということだ。これには正直驚かされた。

よく解釈すれば、投票に生徒達の出身地などが考慮されず、スピーチの質のみを考えて投票した結果だということ。悪く解釈すれば、私が国境出身以外の生徒達のスピーチを褒め称える傾向があったのかもしれない、ということだ。国境出身の生徒とビルマ国内出身の生徒とでは、視野の広さに差があるということは否めない。ビルマ国内の生徒達は、二つのまったく異なる世界（ビルマ国内と国境）を体験しているのに対し、国境出身の生徒は、閉ざされた難民キャンプ内のことしか知らない。この視野の広さの違いが、考え方やスピーチの内容などにも影響するのは当然なのだが、まさか学校の過半数を占める国境出身の生徒から一人も選ばれないというのは意外だった。

大会当日二週間前、私は四人を集めて演説の趣旨を説明した。「カレン共同体、難民キャンプ内、またはこの学校内にある問題を見つけ、それがなぜ問題なのか、そして、これからどうやってその問題を、みんなで解決できるのかを述べてほしい」と、伝えた。私は、スピーチコンテストが私の最後の授業ということもあり、生徒達が自分達の手で社会を築いていくためにも、彼らの身近な問題について討論できる場を提供したかった。

四人とも困惑した表情だった。一六歳のミミウーには少しむずかしすぎると思い、彼女には人生で一番思い出に残っていることについて皆に伝えてほしいと述べた。

三日後、シナサンが私のところへ相談に来た。「校内の男女差別について話したい。」彼女は、私にこう言いながら、スピーチのあらましを書いた紙を見せた。

「男子と女子は平等に扱われるべきだ。私達は皆神様によって平等に命を授かった。」と始まる文章は、男女平等の必要性を説くだけで、この学校内の男女差別についてまったく書かれていなかった。彼女の作文はいつもこうだった。正論を述べるだけで、自分の胸のうちに秘めているものを他に打ち明けようとしない。彼女は常に、周りに認めてもらうためにものを書いているようだった。偉い役職についている父親の娘として、学校内のリーダー的存在として、常に周囲を優先し、自分の胸の内を後回しにする。それが彼女の優しさといえばそれまでなのだが、私はこのスピーチで、彼女自身を出してもらいたかった。私は彼女に伝えた。

私：たしかに男女平等は重要だが、君がなぜ、この学校でそれについて発表する必要があるのかを明確に述べなくてはならないと思うよ。

シ：学校内に男女差別があるからです。

私：たとえば？

シ：ナイソーキン（男子生徒）は、常に洗濯を女子生徒に頼んでいます。この前、女子生徒がまちがって彼の服を女子の寝室に持っていったら、彼は彼女に対して「あと三回洗いなおせ！」と、怒鳴りつけた。男子生徒は、女子が汚い生き物だと思っているようです。

私：他には？

シ：ソロネットは、女子なんかと話したくない、と言っています。女性に対する蔑視的な偏見がこの文化に深く根づいています。他の女子生徒も、こういった男子生徒の態度に不満に思っています。でも、男子生徒はそれに気づく様子がありません。

私：じゃあ、そういった具体的な例をあげて、コンテストで話してみたら？

シ：でも……。

私：男女差別はたしかにいけないことだけど、具体的な例をあげないと、みんなはわかってくれないと思う。今、私に伝えてくれたことを発表すれば、きっとわかってくれると思うよ。人の批判は言わないのも思いやりになる時もあれば、言うのも思いやりになる時もある。要は、やり方次第だよ。大丈夫。君なら、絶対皆受け入れてくれるよ。そろそろ、自分らしさを人に見せてもいいと思うよ。

シナサンは黙ってうなずき、再びスピーチの原稿を書き始めた。
次の日、今度はアイザックが私のところへ相談にやって来た。なにやら差し迫った様子だ。
ア：校内にある、デルタカレンと国境カレンの亀裂をなくそうと訴えたいと思うのですが、どうでしょう。
私：どんな亀裂？
ア：サッカーをしようと呼びかけても集まるのはデルタカレンだけ。スコーカレンの生徒達は、私達とサッカーをしたくない様子です。スコーカレンの生徒達は、私達がサッカーをしないと、彼らだけでサッカーをする。私がビルマ語で話しかけても無視される時がある。学校内にデルタカレンに対する偏見があると思います。

正直、私は彼がこういうアイデアを持って来てくれたことに感謝した。まさしく、私が生徒達に伝えたいことを彼が代弁しようとしているからだ。しかし、その反面、消極的にならざるをえない。「カレン人結束」をスローガンに進められているカレン革命闘争の間で、国境カレンとデルタカレンの亀裂について話すということは背信行為と見なされる可能性が高い。一九九五年にカレン人内の分裂によってたくさんの犠牲を被った記憶がまだ鮮明に残っている中で、学校内にある見えない亀裂を指摘することは果たして生徒達にとって有益だろうか。
これは、シナサンが話そうとしている男女差別問題とは別のことだ。カレン社会内のポーカレンとスコーカレンの違いは、いわばタブーである。一九九五年、キリスト教系スコーカレン人と仏教徒ポーカレンの間で亀裂が生じ、カレン人同士が殺しあった記憶がまだ鮮明に残っている。だからこそ、KNUリーダー達がは「カレン人結束」を掲げているわけで、アイザックのスピーチは、まさにそのスローガンに挑戦状を突きつけるものだ。

私は彼に伝えた。

私：話す内容としてはとても興味深いし、他の生徒達がどう反応するか楽しみだが、かなりリスクがある演説になると思うけど？　君がこれを言うことで、亀裂がさらに深まるかもしれないよ。

ア：はい。たしかに怖いです。周りの生徒達は、私が何か言おうとすると、いつも冷淡な目で私を見ますから。でも……。

私：でも？

ア：これについては、ずっと考えてきました。ずっと困惑してました。自分の中にとどめておこう、自分の中にとどめておこうって、自分に言い聞かせてきました。でも、そうしたら、もっと困惑して来て、自分がなぜここにいるのかわからなくなるのです。他の生徒達やリーダーは外国の訪問者が来るたびに、カレン人は正直で、純粋で、結束された民族だと紹介する。でも、それは嘘だ。私達のリーダー達が「カレン人はみな結束しています！」って訪れた外国人に伝えるたびに、私は煮え切らない気持ちになる。学校内にある差別を隠蔽してまで、えられる結束なんて私にとったら結束じゃないと思います。この機会に、自分の中にあるもやもやしたものを外に出したいのです。

ここまで、固い決心をしているアイザックを止めるわけにはいかなかった。おそらく、この問題については遅かれ早かれ、カレン民族全体の問題としていつか露呈してくるはずだ。グローバリゼーションの波に乗って、地理的に散らばったカレン民族達もどんどん入り交じって、国境のカレン共同体も多様化していくことだろう。今、アイザックが抱えている悩みは、このプロセスの中で起こる避けがたいものなのかもしれない。ならば、いっそのことこの場で、生徒達に討論させてみるのもいいかもしれない。「公衆演説」大会当日が楽しみになってきた。

7　スピーチコンテスト

私が長い間楽しみにしていた日がとうとうやってきた。私の最後の授業に、生徒達は一体どんな討論を見せてくれるのだろうか。シナサンやアイザックが今までため続けてきたものをこの場で放出しようとしている。

ミミウー、スカント、アイザック、シナサンの順で四人が前に座り、一人ひとり順番に演説をし、各演説に対し一五分の質問の時間を設けた。

最初にスカントのスピーチ。

スカント

「ビルマ人皆を憎むことはよくない。私は幼少の頃ビルマ人皆が嫌いだった。彼らは傲慢で、いつも私達カレン人を馬鹿にしていた。それで、私が中学校に入った時、私のビルマ人に対する考え方が変わった。私の担任であったビルマ人の先生は、私達カレン人生徒にとても優しく接してくれた。彼女は、『カレン人の生徒達はおとなしくて従順で付きあいやすい』と言ってくれた。私のクラスにはカレン人が二人だけで、先生は私達を家に招いたり、困ったことがあったらすぐに駆けつけてくれた。この先生に会ってから、ビルマ人の中にもいい人がいるということを知りました。だから、ビルマ人全員を憎んではいけないのだと思う。あくまで、軍事政権がいけないのであって、ビルマ人全員が悪者ではないのです。」

とても、わかりやすい演説だった。こういった体験は、ビルマ国内の学校を卒業した彼にしかできないものだ。難民キャンプ内で生まれ育った者達にとっては、貴重な話だったのではないだろうか。彼の話を聞くと、ビルマ国内の学校でのビルマ人‐カレン人関係がよくわかる。基本的に、カレン人は見下される存在だということだ。他の国内学校出身の生徒達の話では、カレン新年の祭りにビルマ人の若者達が乱入して祭りを台無しにしたり、ビルマ人の先生が問題児生徒を叱責する際「カレン反乱軍の息子！」と揶揄したり、とにかく日々、人種差別をされている様子がうかがえる。

ミミウー

次は、校内最年少のミミウーの出番だ。学校内で一番元気のある生徒で、いつも大きな声を張り上げて私に、「先生、元気ですか?」とたずねてくる。まだ一六歳で、しかも英語力は他の生徒に比べ格段に乏しい。にもかかわらず、Bクラスで彼女の演説が九票を集め、堂々の一位に輝いたのだ。彼女の積極的な態度、過ちを恐れない図太さが認められた結果だろう。

ただ、やはり英語力が乏しいこともあり、あまりむずかしいスピーチは期待できなかった。彼女が最初に書いた原稿は難解な英単語を並べすぎて、彼女が発表できるような代物ではなかったため、彼女の同意のもと、私が演説の趣旨が変わらない程度に手直しをした。そして、前日の晩、私はミミウーと二人で学校の外でリハーサルを何度も繰り返し、とにかく生徒達にわかりやすい演説ができるようになるまで特訓した。

全員年上の他の生徒達を前に、相変わらず堂々とした態度で彼女は演説に臨んだ。

「私の人生で一番の思い出は、ビルマからタイへの道のりを歩いたことです。本当は、ビルマ国内で専門学校に進学する予定だったのですが、そちらを断念し、私はここへやって来ました。カレン兵士がジャングルの中を同行してくれました。何日もジャングルの中を歩きました。その途中で、トラや熊などの野生動物を見ました。一番驚いたことは、ジャングルの中を国内避難民として逃げ回っているたくさんのカレン人に出会ったことでした。私はそれまで、カレン人がそんなに抑圧されているとは知りませんでした。そして一番悲しかったことは、私はカレン人であるのにもかかわらず、彼らと話すことができなかったことです。彼らはスコーカレン語を話し、私はビルマ語しか話せない。だから、この学校で、スコーカレン語を学びたいと思います。よろしくお願いします。最後に、私がこの演説をするのに、色々助けてくれたヨーコー先生に感謝をして、終わりにしたいと思います。ありがとうございました。」

彼女は隣に座っている私のほうにお辞儀をして、演説を終えた。私は、照れながら彼女にお辞儀を返した。ある男子生徒が、「とてもわかりやすくて明確だった」と褒め称えた。私は、自分が一六歳のころこんな演説はできなかっただろうな、などと劣等感に浸りながら、次のアイザックの出番に注意を向けた。

アイザック

アイザックは先の二人の演説を聞く余裕などない様子で、ずっとうつむき加減で演説のメモを見つめていた。彼はゆっくりと前に進み、みんなに一礼してから、ゆったりとした口調で演説を始めた。彼がこの学校に来て以来抱いていたモヤモヤを、今ここで放出しようとしている。

「カレン民族は結束していると、みんなは言いますが私は違うと思う。私は、この学校が始まって以来、ずっと学校内にある亀裂に危惧しています。私は、スコーカレン語を話せません。だから、スコーカレンを話せる生徒達は、私のことを避けているように感じる時がある。私達がサッカーをする時、みんなに呼びかけても集まってくるのは、デルタ出身の生徒がほとんどです。夜の自習時間の時だって、スコーカレンを話す生徒と、話さない生徒でグループ化されています。この国境地帯のカレン人は、ＫＮＵの幹部も含めて大半はスコーカレン語を話します。私は、スーカレンを話せないから、とても劣等感を感じる。この学校には、スコーカレン語を話さない生徒達に対して偏見があるように思います。将来、カレン共同体が結束されるとしたら、こういった偏見をなくすことが大切だと思います。」

終始、彼は淡々と話した。緊張している様子はうかがえず、しっかりとした英語で決して押しつける言い方をせず、あくまでソフトに語りかけた。周りを気遣いながらも、自分の考えをしっかり持っているところにも感心させられるが、それ以上に、そのしっかりとした意見を決して周りに押しつけない言い方で伝える能力には感心させられる。

スカントとミミウーの演説では、質問はあまり出てこなかった。しかし、こんな演説をされて、他の生徒達から質問が出ないわけがない。

エミリー：つまり、スコーカレンの生徒があなた達を見下していると言いたいのね？
ア：いや、見下しているというより、偏見があると言いたいだけ。
ムレー：デルタの生徒達は、あなたに対して偏見がないの？
ア：ないと思います。私達はみんなビルマ語で話しますから。
マリア：別にあなたを避けるつもりはないの。ただ、あなた達の話している言語が理解できないだけ。
サクドゥ：あなた達だって、少しはスコーカレン語を学ぼうとしている姿勢を見せたっていいと思います。

ア：そうですね。私達の言語を教えあっていければいいと思います。

これまでの質問は、すべてスコーカレン語を話す生徒からあがっている。デルタ出身の生徒達の声も聞きたかった。「他の、スコーカレン語を話せない生徒は、どう思いますか？」

その生徒達は、頑なに私と目をあわせることを避けた。そこで、再びマリアが立ち上がった。

マリア：私だって、ビルマ語を話せるようになりたいと思う。でも、あなた達は、私のビルマ語を聞きたいようには感じられない。

ア：あなたが話してくれれば、他の誰よりも、聞きたいと思っているのだけど。

と、アイザックが言って、初めて何人かの生徒から笑顔がこぼれた。しかし、大半の生徒の表情は膠着しているのがよくわかった。

ベレット：この問題は、そんなに重大なことなの？

ア：はい。私にとってはとても重大です。

ベレットの言いたいこともわかる。アイザックの演説を聞いただけでは、問題の重大性をはっきりととらえることができない。たまたま、スコーカレンの生徒達がサッカーを好きじゃないといったらそれまでの話になり、劣等感を抱くのは彼自身の問題であり、他の生徒達とは関係がない。ただ、アイザックがそれ以上の具体例を出したくない気持ちもよくわかる。あまり踏み込みすぎた例をあげたら、取り返しのつかない亀裂を生むことに危惧したのだろう。（たとえば、彼がスコーカレン語を話せないから他の生徒達に無視されることがある、など。）

しかし、ベレットは国境出身の中でも、一番アイザックと仲よくしている生徒だった。そんな彼にでさえ、アイザックはこの悩みを打ち明けられなかったということだ。どれほどアイザックが、この思いを自分の奥深くにしまっておいたかがわかる。とりあえず、質問は終わり、シナサンの出番が来た。

シナサン

シナサンも終始緊張した面持ちだった。先の三人が演説している最中、ずっとおでこを抱えながら原稿を眺めていた。ゆっくりと席を立ち、彼女は演説に臨んだ。

「私は、この学校内にある男女差別を撤廃すべきだと思います。これから、カレン社会が民主化を達成するためには、男子も女子を平等に扱われなければなりません。しかし、カレンの伝統文化では常に女性は〝不可触民〟のように扱われます。たとえば、ある日、ある男子生徒は女子生徒に彼の汚れた服を洗濯しろと命令しました。彼女は言われた通り、洗いました。そして、その洋服を彼女は誤って女子の寝室に持ち込んだのです。それを知った男子生徒は、彼女に対して『あと、三回洗いなおせ！』と、怒鳴りつけました。女子の寝室は汚れていると彼は思っているのでしょう。また、ある男子生徒は私に向かって、『女子なんかと話すのはいやだ！』と言いました。私はそれを聞いて、とても悲しかった。この学校に来るまで、そんな蔑視的に扱われたことがなかったから。もし、カレン共同体が民主化するのなら、こういった女子への差別をなくすべきです！」

彼女の目からは涙が出て来ていた。こんなに感情的になっているシナサンを私は初めて見た。男尊女卑のこのカレン社会で、よくぞ言えたものだ。

「何か質問、感想はありますか？」ソロネットは申し訳なさそうな表情で言った。「私は女性と共同生活した経験とかがないので、女性の気持ちがよくわかりませんでした。」

彼はおそらく、シナサンに女性となんか話したくないと発言した張本人なのだろう。知らん顔を決め込むこともできたはずなのに、彼の誠実さには感心させられた。

ベレット：たしかに男子生徒はそういうふうに振る舞うこともありますが、それは冗談でやっていることだと思います。

シナサン：あなた達には冗談であっても、私には冗談にはなりえません！

私：他の女子生徒は、シナサンと同じ気持ちなのですか？

女子全員：はい！

クリスタル：女子生徒が洋服を洗濯場に運ばなくてはならない時、重すぎて運べない時がありま す。そういう時に、男子生徒に助けを求めても、応じてくれません。女子の洋服は汚れているという先入観のせいだと思います。
ダトゥー：たしかに男尊女卑の風潮はありますが、カレン社会もどんどん変わって来ていることはたしかです。

と、まとめられて、彼女の演説は終了した。女子生徒全員、シナサンが言ってくれるのを待ってました、とばかりに盛り上がってしまった。

どうしても、紛争地帯というのは男尊女卑になる傾向が強くなってしまうのではないだろうか。戦争時は、男性が前線に立ち、女性は子どもを守るという単純な構図が思い浮かべられる。一六歳からカレン軍に兵士として仕えていたポシャーは、「男性が戦っているんだから、女性は家庭の世話をしなくてはならない」みたいなことを公然と言っていた。そんな雰囲気の中で、男子に面と向かって男女差別撤廃を訴えかけられるシナサンの勇気には感動した。

「それでは、四人の中で一番うまい演説をしたと思う人の名前を書いて、私に渡してください。」

投票の結果は歴然としていた。シナサンが一六票を集めダントツで一位だった。女子生徒は全部で一二人だから、少なくとも数人の男子生徒もシナサンに投票したことになる。ミミウーとアイザックが六票で二位。スカントはたったの一票しかえられなかった。生徒達に公表したのはシナサンの得票数だけだ。

私：それでは、シナサンに優勝した感想を述べてもらいましょう！

シ：みなさん、投票してくれてありがとう。私の演説が嫌だった人もいると思うけど、票を入れてくれたことに感謝します。

私はシナサンの演説にコメントした。

「民主主義が世界で謳われる中で、女性の権利の向上は常に問われる問題です。カレン社会の伝統文化を維持するのも大事ですが、これから、シナサンのような声に耳を傾けていくことも重要になってくると思います。シナサンは、今まで先生に認めてもらうために宿題をこなしてきました。そして、彼女は、周りの人びとが困っていたら常に助けの手を差しのべてきました。だから、皆がシナサンのことを学校のリーダーとして信頼している。でも、周りや先生のことばかりを気にしすぎて、シナサンは常に自分の奥に秘めていたものを明かすことができませんでした。だから、今回の演説でシナサンが抱えている悩みについて語ることができたのは、彼女にとってとてもよかったと思います。」

次にアイザックに感想を求めた。

アイザック：みなさん、どうもありがとうございました。私はあんなことを言ってしまいましたが、どうか、怒らないでください。

私：アイザックは、このことについて、ずっと悩んで来ました。だから、どれだけの勇気を振り絞ってアイザックがこの演説をしたのかを考えてください。これからカレン共同体がどんどん多様化していく中で、アイザックが抱えている悩みに耳を傾けるということがとても大切になってくると思います。みなさんはこれから、色々な人達に出会うことになる。様々なカレン人に出会うことになると思う。そんな時、この学校での体験が役に立つと思います。

次にミミウー。

ミミウー：本当にありがとうございました。

私：みなさん。ミミウーの英語力はとても低いです。この四人の中で一番低い。しかし、彼女は六票を集めました。ここにいる六人の生徒が、シナサンやアイザックのような英語を上手に話す生徒の演説よりも、ミミウーの演説のほうがうまいと思ったのです。たしかに語学力は重要ですが、自己表現する場合、語学力だけではないということがミミウーのおかげでわかってくれたと思います。彼女の積極性と明るさを見習いましょう。

最後にスカント。

スカント：皆さんありがとうございました。先生や皆のおかげでよい演説をすることができました。

私：スカントのように、ビルマ国内の学校での体験談はとても貴重ですね。様々なカレン人が結束していく中で、地理的に散らばっているカレン人がどういった暮らしをしているのか知ることは重要だと思います。それでは、四人の皆に拍手をして終わりにします。

全員が拍手をしながら立ち上がった。数人のスコーカレンの男子生徒は硬い表情で、まっすぐ教室を出て行ってしまった。一方で、数名の女子生徒はシナサンのところへ駆け寄って、「よくぞ言ってくれた！」と握手を求めた。私は、改めて四人全員と握手をした。皆笑顔で受け応えてくれた。

スコーカレン生徒達の怒り

冷淡な目つきで教室を出て行ったスコーカレンの生徒達が気になった。ひょっとしたら、アイザックの演説のせいだろうか？　アイザックのスピーチが、彼らの逆鱗にふれたのか。スコーカレン男子生徒は生徒全体の五割程度を占め、カレン民族リーダーに最も忠誠心を誓っている者達だ。そのリーダー達がここ数年間、「カレン民族は結束せよ」のスローガンを唱え続けて来ている中での、アイザックのあのスピーチは背信行為と見なされてしまってもおかしくはない。私はアイザックが、これまで以上に学校内で疎外されてしまうのではないかと心配がつのり、フェリックスに相談した。

「たしかに、生徒の中の数人は、アイザックの演説に対して不満を募らせているようです。彼らは、まだ、他の人びとの意見を聞けるような状態にありません。とくに、国境で育っている生徒達はとても閉鎖的です。私は、彼らに何か自分の意見を述べようとはしません。述べたら、状況は逆に悪化するだけです。」

前述の通り、フェリックスもアイザックと同じようにデルタ出身で、スコーカレン語は話せない。だから、彼のコンピューターの授業はいつもビルマ語で行うから、国境出身の生徒の何人かはフェリックスの授業についてくることができないらしい。おそらく彼自身、アイザックに同調する部分はたくさんあるのだろう。だが、「カレン人結束」が謳われている中で、内部にある亀裂を露呈させることは自殺行為だと思い、自分の中に溜め込んでいる不満があるらしい。

8 アイザック弾圧

外で昼ごはんを食べ終えて学校に戻って来てみると、驚いたことに、アイザックが午後の授業を欠席していることに気づく。彼は、二階のテレビルームに一人で横たわっていた。

私：どうしたの？

ア：他の生徒達が、私の演説に対して怒っています。何人かの男子生徒の顔つきがとても怖い。これから、学校のみんなが私の敵になるのかもと考えたら心配で授業に出られません。

アイザックが授業をサボることとは、これが初めてのことだった。私は、何が起こったのかスコーカレンの生徒の中でも一番仲よくしていたダトゥーに尋ねてみた。

「はい、たしかに、何人かの生徒達は怒っているようです。アイザックがあの演説をするまで、彼らは学校内に亀裂があるなんて思ってもいなかった。言語や生まれた場所の違いで私達に違いがあるなんて、考えもしなかった。それが彼のせいで、これから毎日、それを意識し続けなくてはならなくなった。国境出身の生徒達の中には、デルタの生徒達こそ校内に亀裂を生じさせているという意見もあります。彼らは、カレンの儀式にも積極的に参加しないし、教会の礼拝にも行きませんからね。今晩のミーティングで、アイザックの演説について話しあうことになりそうですよ。」

私は、自分がパンドラの箱を開けてしまったのだということを痛感した。今まで生徒達は、言語や故郷の違いにふれないように努めてきたのだ。彼らは怒りを感じ、アイザックは今まで以上に孤立してしまうことになり、結局何もよい結果はえられなかった。私は自分を責め始めた。私があんな授業を開かなければ、アイザックはこんな形で苦しむことはなかった。私のせいだ……。

女子生徒達のほうはどうだろう。学校の入り口の前に座り込んでいる、マリアとムレーに尋ねてみた。

マ：アイザックは、あんなふうに言うべきではなかったと思います。

ム：彼は、まるで私達が彼らを排除しているかのように語った。心外です！　私は、みんなのことを平等に気遣っているつもりなのに。

マ：私達は一緒に寝て、一緒に食べて、一緒に勉強して、すべてがうまくいっていた。何の問題もなかったのに。

ム：私達がこの学校に来た時、とてもショックでした。なぜかというと、他の生徒達がビルマ語で話しているのを見たからです。だから、アイザックが感じたことを、私達も感じています。でも、それを口に出して言おうなんて思いません。

そこに、セクドゥも入って来た。

「アイザックの言っていることに私は同調できません。ああいうことは、自分の中にしまっておくべきことです。彼があんなふうに言ったら、私達は結束できなくなる。」

アイザックが言いたかったことが、うまく伝わっていないようだ。彼女達が、学校内で生徒達がビルマ語で話すのを見て受けるショックとアイザックが受けているショックは、決して同じものではない。彼女達は、このカレン共同体がスゴーカレン語を話すという前提のもと、共同体内にある異物に対してショックを受けているのに対し、アイザックはカレン共同体の一員になれないことに対して抱くショックを表している。彼女達には国境のカレン共同体という精神的な支えがあるのに対し、アイザックにはない。

そして何より、アイザックが苦しんでいるという事実に対して誰も同情しようとしない。たしかに、彼がああ言ったから学校内に亀裂が生じたかもしれない。しかし、彼が苦しんでいることは紛れもない事実であり、なぜ、その苦しみの声をもっと聞いてあげようという姿勢が誰にも見られないのだろう。みんな、彼の演説がもたらした結果だけに執着している。その結果をもたらすことになったクラスメートの苦しみに対して、もっと目を向けてやれないものだろうか。

その晩の全体ミーティングで、ダトゥーが言った通り、アイザックの演説に対してスコーカレン生徒達による〝弾圧〟が行われた。いつものように、フェリックスが私の隣に座って同時通訳をしてくれた。パシャーは、

「今日のヨーコー先生の授業で、アイザックが行った演説は私達を分裂させる行為であり、今後このようなことが起こってはならないと思います。彼があんなことを言ったがために、今、私達は、学校内にある違いを常に意識していかなくてはならなくなった。言っていいことと、悪いことの区別はするべきだ。」

みんな黙って聞いていた。私はずっとアイザックを見つめていた。彼は誰とも目をあわせることなく、ただ床をニヤニヤと見つめていた。ノーノー（校長代理）が、「アイザック、何か言うことはないの？」と、彼に尋ねた。

「たしかに、あんなことは言うべきではなかったと思います。みんなに迷惑をかけて申し訳なく思っています。」

そしたら、ソロネットが立ち上がった。

「アイザックがあんなこと言うまで、私は、学校内に亀裂なんてないと思っていた。彼があんなことを言ったばかりに、これからずっとそのことを考え、悩まされ続けなければならない。そのせいで、夜も眠れなくなるでしょう！」

ふだん授業中物静かなソロネットが、こんなに感情的に述べるのを見たのは初めてだった。

そしたら、アイザックと同じデルタ出身であるスカントが立ち上がった。

「みんな、落ち着こう。これは、そんな大きな問題じゃない。これから、みんなデルタとか国境とか考えず、一人ひとりの違いを尊重していこうじゃないか。」

ノーノーも生徒達に、お互いの違いを尊重できるようになりましょうと呼びかけた。

私は立ち上がって、先生としてアイザックの演説を行わせたことに対しての責任を認め謝罪した。そして、一言付け加えた。

「一つだけみんなにわかってもらいたいことは、アイザックは、この学校を分裂させるために言ったのではないということ。彼は、どうやったらこの学校が結束できるか深く考えていたからこそ、ああいうふうに言ったのです。だから、今、分裂が生じたとしても、決して彼に悪気があったわけではありません。」

ミーティングが終わり、アイザックは、ゆっくりと立ち上がって、学校の外へ消えて行った。私は、彼に声をかけてあげる勇気がなかった。力の抜けきった私の肩を、クリスタルがポンと叩いてくれた。そういえば、この前アイザックは、「クリスタルは、私の意見に同調してくれました」と言っていた。クリスタルもポーカレンであり、スコーカレン語は話せず、ビルマ語を上手に話せる生徒の一人だ。学校内にアイザックの理解者は何人かはいるのかもしれない。そもそも、今日の演説大会の投票で、アイザックに票を投じた生徒は六人いたのだ。その、六人はなぜアイザックをかばおうとしないのか。彼らも、スコーカレンの男子生徒にバッシングされるのを恐れているのだろうか。

＊

いつものように、私はスカントと水浴びに出かけた。「アイザックは考えすぎです。自分で言ったことに対して、あんなに落ち込むことなんてない。もっと、堂々としてればいいのに。自分の考えを述べているだけなんだから」と、彼のいつもの楽観的な見解は私を励ました。私は、思い切って尋ねてみた。

私：君も、デルタカレンとして、アイザックのように感じる時はある？
ス：たしかに、アイザックが言ったようなことは学校内で起きていると思う。ただ、それは、私にしてみればたいした問題じゃない。

スカントは、いつも堂々としていて、めったに落ち込むことはなさそうだ。ひょっとしたら、私も考えすぎているだけなのだろうか？　私もスカントのように楽観的に物事が見られるようになりたいと思った。

ス：先生は、この学校を去ったら、私達のことなんてすぐ忘れてしまうのでしょうね？
私：なんで？
ス：先生の悲しそうな表情を見ればわかりますよ。この学校にいることが苦痛そうです。

私は、彼に何も言い返すことができなかった。私の学校滞在も残りわずかとなってしまった。最後くらい、笑顔で生徒達と別れがしたかった。まずは、アイザックと話をしなければ、何も解決策は生まれてこないと思った。

水浴びを終えて学校に戻り、台所にいるジョンにアイザックはどこにいるか尋ねた。「グラウンドにいると思います。一人にしてほしいって言ってましたけど。」

グラウンドに行ってみると、アイザックは他の二人の生徒と一緒に座ってスナックをつまんでいた。ダトゥーとベレットがアイザックを励ましていたのだ。二人とも、これはそれほど大きな問題ではなく、明日になればみんな忘れるだろうと言っていた。それを聞いて、私は肩をなでおろしながら座り込んだ。

しばらくして、二人は学校へ戻りアイザックと二人きりになった。アイザックは、演説大会が終わってから他の生徒達にどんなことを言われたか、私に伝えた。

「カレンの内部事情を外国の人に打ち明けることはよくないと言われましたし、『スコーカレン』という言葉を発することも、よくないと言われました。スコーと言ったら、カレン民族内に、自動的に亀裂が生じてしまうと。たしかに、私はあのようなことを言うべきではなかったかもしれません。このような事態になることは、予想できてましたから。でも、あそこまで非難されてしまうと、さすがに落ち込みますね。」

彼は、私を攻めようとなどまったくせず、ただ、自分で必死に状況整理をしていた。グラウンドの暗闇の中に座り込み、少し離れた場所から校舎の明かりを眺めていると、それまで突っ張っていた肩の力が自然とぬけていった。あの校舎の中にいる時の自分は、常に肩に力が入っていたのだということを、改めて思いしらされた。カレン民族主義の中に、たった一人の日本人として四カ月間住み込み、自分の中で明らかに間違っていると思っていることを他の人と共有できず、それを自分の中にそのまましまっておかなければならない苦痛。私は、彼らにとって「外部者」であり、彼らは私に表面的な笑顔を見せてはくれるが、その裏にある悲壮感や困惑を共有してくれることはまずないのだ。

　カレン民族は結束し、正直で、友好的な人びとの集団だということを、彼らは「外部者」に伝える義務がある。そうすることで、彼らが五六年間繰り広げてきた武装闘争が自己防衛のためであり、決して彼らが戦闘的な民族だからではないと外部に立証できるからだ。カレンに対しては、外部から様々なイメージがある。「停戦協定を決して結ぼうとしない頑固な民族」とか「無実の市民に危害を加えるテロリスト集団」などだ。こういったステレオタイプが存在することは、彼ら自身が一番よくわかっている。だからこそ、私のような外部の人間と接する場合、彼らは「カレンは正直で友好的」だという顔を見せなければならない。ある日、私のサンダルがなくなった時学校中がパニックになり、生徒全員で私のサンダルを隅から隅まで必死で探してくれた。一つのサンダルのために、彼らがそこまでする背景には、「カレン人は外部者のサンダルを盗む民族」というレッテルを貼られたくないという、彼らの思いがあったのではないか。それゆえ、アイザックの私への内部告発は、「カレンは差別的で非友好的民族」というイメージを放出するものであり、許しがたい行為だったのかもしれない。

私は、その日の日記をとても感情的に綴っている。
「私の判断が正しかったのかどうかわからないが、正しかったと私は信じたい。少数派の痛みを隠蔽してえられる結束なんて、本当の結束じゃない。スコーカレンの生徒達は、そんな表面的な結束をほしいがためにアイザックを弾圧した。アイザックは痛みを一人で背負い、それを誰とも共有することが許されない。彼は、学校内を分裂しようとしたわけじゃなく、結束させたかったからこそあの演説を行った。周りの生徒達に、自分の痛みに気付いてほしいからこそ、痛みを共有できるカレン共同体であってほしかったからこそだ。一体、他の生徒達はアイザックがどれだけの勇気を振り絞ってあの演説を行ったか想像できるのだろうか？　アイザックが一人で三〇日間眠れない夜を過ごすのと、三〇人の生徒が一晩の睡眠を犠牲にして、一人の生徒の痛みを分かちあうこととどちらが理想的な共同体が作れるだろうか。三〇人の多種多様な生徒が、カレン民族という共通のアイデンティティを抱こうとする時に痛みなしにできるわけがない。この国境のカレン共同体では、スコー語を話し、リーダーに忠誠を誓い、カレンの武装闘争を受け継ぐ意志のあるものがよいカレン人として認められる。しかし、今、国境以外の地域から多種多様のカレン人が集まり、従来の『カレン人』という定義が崩壊しつつある。そんな状況で、カレン人達の仲間意識に困惑が生じるのは仕方がないのではないか。

私は、もう彼らに何か意見を述べる自信をなくしてしまった。私が何か言えば共同体が分裂してしまう。私が何を言おうとしても、彼らは耳を傾けようとはしない。自分が正しいと思っていることを口に出して言えないことがこれほど辛いことだったとは。共同体の結束維持の名の下に、少数派が苦しみを自分達だけで抱えていかなければならないなんて、私には我慢できない。」

日記を綴り終わったのは、夜の一二時近くだった。虚脱感に浸っている私の横をデルタ出身のパンワーが通りかかり、声をかけてくれた。「先生、大丈夫ですか？　悲しいのですか？　心配しないでください。」こういう一言にどれほど救われることか。思えばこの四カ月、色々な面で生徒達に支えてもらってきた。垣根のない彼らの、何とも言えない思いが心を満たしていった。

次の日、私は学校から少し距離をとるため、北部のメーホンソンへ出かけた。一人になって、自分がこの学校にいるということの意味を考えてみたかった。そして、私がアイザックにあの演説をさせたことが正しかったのか、じっくり考えたかった。

結局、三日間はあっという間に過ぎ、何の答えもえられぬまま、私は学校へ戻って来た。

生徒達はいつも通り、各自自習をしていた。アイザックも、ふだんと同じように他の生徒達と一緒にコンピューターをいじっている。関係悪化を危惧していたスコーカレン男子生徒とも、アイザックは普通に話していた。フェリックスは、「とりあえず、生徒達はあの日のことは忘れようとしているみたいです」。忘れられるのも寂しいものがあるが、アイザックが学校内で孤立化してしまうことは避けられたようで、少しほっとした。

次の日の昼休み、アイザックと話をした。

「ここに来る前は、神父になろうと思っていました。でも、ここに来て他の国がすごい発展していること、カレン共同体がグローバル化から乗り遅れていることを知り、英語やコンピューターを学んで将来のカレンの発展に役立てる人間になりたいと思っていました。だから、毎日新しい知識を蓄えようと勉強に励んで来ました。でも、今は少しとまどっています。なんか、これからずっとこの学校の規則に絶対服従させられるのかと思ったら、自分の向上心も薄れてきました。このカレン共同体の一部分としか生きていけないのかと思ってしまいます。他の生徒からすごい重圧を感じます。こういった重圧の中で、私はカレン共同体のリーダーとしてやっていける自信がありません。」

アイザックは、話している最中、ずっと周りに他の生徒がいないか気を配っていた。公衆演説大会で受けたバッシングにより、彼は、これまで抱いていた夢や希望を失いつつある。

「もう、私は自分について語ることをやめようと思います。だれも、私の個人的な問題など気にしないでしょうし、それを語ることで社会秩序を乱すようだったら、またバッシングを受けるだけですから。」

民族主義とはとても閉鎖的なものだと感じる。「カレン人」という厳格な定義があり、その定義からはみ出す行為はバッシングの対象になる。それによって、民族内の結束を保ち、民族主義の高揚を維持することができるのだろう。

9　お別れ

私は、一〇月二九日に学校を去ることにした。約四カ月間の滞在にようやく終止符が打たれようとしている。生徒達は、私が去ることを悔やんでいる様子だったが、私にそれを伝えようとはしなかった。おそらく、アイザックの事件によって硬い面持ちの私を見て、声をかけづらくなっているのかもしれない。

「先生は、この学校を去るのが楽しみなのでしょうね！」と、言ってくる女子生徒もいた。また、ある男子生徒は「こんな住み心地の悪いところでも忘れないでくださいね」と私にもらした。たしかに、井戸の水を汲んで体を洗うことや、生徒達の鼾を聞きながら蚊帳の中で寝ることや、ノミや疥癬に悩まされた日々はあまり住み心地がよいとは言えなかった。だが、こんな刺激的な人間のドラマが詰まっているところに滞在するのは、初めてのことだが、二度とできないだろう。

色々な生徒がいた。カレン民族共同体の中核的な機関にあたるこの学校に身を置くことで新たな精神的なより所を見出す者、共同体内の閉鎖的な民族主義に違和感を抱く者、そういった違和感を抱く者に対してバッシングする者、バッシングされて、宙ぶらりん状態に陥ってしまう者、そして、学校内に住む唯一の外国人として、閉鎖的な民族主義を受け入れることができない私。そんな人間の喜怒哀楽が詰まった空間に滞在することができるのも残り三日となった。この学校を去る前に、私はどうしてもやっておかなければならないことがあった。それは、アイザックと他のスコーバプティスト生徒達との和解だった。

私はまず、スコーバプティスト男子生徒のリーダー格で、アイザックの演説の際、鋭い目つきで床をにらんでいたサムネーに話しかけた。スコーバプティスト生徒の中には、アイザックなどのデルタ出身の生徒達とまったく口をきかない者もいるが、サムネーはいつも、誰とでも普通に接していた。

「今日ビールでも飲むか？」サムネーは驚いた様子で私を見て、「本当ですか？」と聞き返した。学校内での飲酒は固く禁じられており、サムネーにはすでに前科があった。もう一度見つかったら退学処分もありだ。私は、「誰にも見つからない方法で、できるかな？」と彼に尋ね、彼は自信に満ちた様子でうなずいた。私はアイザックにも声をかけ、夜九時ごろ、近くの売店まで一緒に行き、ビールを何本か買い込んだ。

サムネーがスカントにも声をかけ、男四人で学校の近くにあるお寺の境内に腰を下ろした。スピーチコンテストからすでに五日がたとうとしていた。アイザックとサムネーがいつもと変わりなく冗談を言いあっているところを見ると、私のいないところで和解はすでに成立しているようだった。久しぶりのビールらしく、三人であっという間に五本のビール瓶を空けてしまった。ビール一瓶一二〇円は、彼らにとっては破格の値段だ。「私達生徒と違って、先生はお酒を飲むことを禁じられていないのに、まったく飲まないということがすごいと思います」と言いながら、アイザックは最後の一滴を舌ですくった。体質的にお酒が飲めないのに、それが敬われることになるのは変に得した気分になる。

考えてみると、この四カ月間、生徒達とこうして夜座り込んで話し込むことなどほとんどなかったことに気がつく。大学院の修士論文のための調査として来ているため、毎晩、その日の出来事を日記に綴る作業に追われていた。最初は、「本当にここの調査を基に修士論文なんて書けるのだろうか？」と、不安を抱えながらやっていた。そのため、生徒達が聞かれたくないことも平気で聞いたり、彼らが答えられないことに対して突っ込んだりで、彼らとの関係もギクシャクしたりもした。

彼らと酒を飲みながら、四カ月間を振り返ってみようと思い、彼らに尋ねてみた。

私：この四カ月間で、私は変わったと思う？

アイザック：とても変わりましたよ。先生は最初のころ、あんまりフレンドリーじゃなかったですね。私達が話しかけるのを無視したりしてました。

他の二人もアイザックの意見に同調しているようだった。

「そうか……。私にとって、ここでのすべてのことが初めてのことだった。こんなプライバシーのない空間で長期間寝泊りすることも、修士論文のための調査をすることも、自分とはあまりにもかけ離れた体験を持つ君達と住むことも。だから、最初は、不安でいっぱいだったのだと思う。」

彼らは、真剣なまなざしで私の話に耳を傾けていた。アイザックが返答した。

「最初、先生は論文調査のためだけに私達に話しかけているものだと思っていました。なんか、いつも監視されているみたいで……。でも、今は違いますよ。先生が私達のことを本当に気にかけてくれていることがよくわかります。」

論文のための人間関係だと思われていたと聞いて、私はショックだった。最初から私に親しく接してくれたアイザックが言うのだから、他の生徒達はよほど私のことを警戒していたことだろう。たしかに、私と生徒達との関係はこの四カ月間とてもギクシャクしたものだった。彼らとの四カ月をここで振り返ってみたい。

生徒達の劣等感——二〇〇四年八月（回想）

私が学校へ来て一カ月半がたとうとしたころ、校長先生であるトゥトゥは生徒達に各先生への評定シートを配布した。そのシートに生徒達は、各先生のよい点、悪い点を自由に評することができる。その用紙が回収された次の日、私はトゥトゥに生徒達が自分につけた評定を見せてほしいと頼んだ。そしたら、彼女は困惑した様子で見せるのを拒んだ。私は彼女に詰め寄り、「私に見せないのなら、評定シートを生徒達に配った意味がないじゃないか」と言い、彼女はしぶしぶ私に評定シートを手渡した。

生徒達が私につけた「悪い点」を見て、トゥトゥが私に見せるのを拒んだ理由がよくわかった。それらは、私にとっては寝耳に水の代物だった。「生徒達を見下している」「怒りっぽい」「生徒達との関係がよくない」など、大部分の生徒が、このどれか一つを書いていた。「怒りっぽい」は私の生まれつきのもので、仕方ないところではあるが、彼らが私に見下されていると思っているとは信じられなかった。これ以上の悪い評価はないと思えるほど、私はショックでその日の午後は寝込んでしまった。

落ち込んでいる私を見てトゥトゥは、励まそうとした。

「もっと、優しい顔で生徒達と接しなきゃだめです。ヨーコーはいつも怒っているように見えるから、生徒達の中で怖がられているのだと思います。あと、生徒達に怒鳴りつけるようなことはできるだけ控えたほうがいいと思います。去年、ヨーコーは私達全員を呼び出して怒鳴りつけたことがあったでしょう？　あれは、私達にとっては心外でした。ヨーコーが日本人で、私達がカレン人だからこそ、ああいうふうに怒鳴りつけているように見えましたから。」

二〇〇三年二月（回想）

あの苦い記憶がよみがえってきた。二〇〇三年二月、私がこの学校に一カ月間ボランティア講師として滞在した時、ある生徒が私にお金をせがんできた。その行為に対し、私は憤慨した。なぜなら、彼の行為は私と生徒達との「対等な関係」を壊すものだったからだ。私と彼らとの間にある、「経済格差」を表面化させるものだった。たしかに、私と彼らとではあらゆる面でかけ離れているが、人間性は同じであり、その人間性を共有することで対等な友人関係を築きたかった。だから、こんな行為は二度と見たくなかった。胸がはち切れそうになり、私はその日の夜、緊急ミーティングを開き、大きな声で生徒達に語った。

「私はみんなと友達になりたい。私達の間にある経済格差やありとあらゆる弊害をのりこえて友達になりたい。だが、もし君達が私にお金をせがむようなことをしたら、私達は友人関係を作ることができなくなる。だから、そういった行為はやめてほしい。私は日本という豊かな国に生まれて、日本のパスポートを使って世界中どこにでもいけた。だから、みんなとは決定的に違う。あなた達はこの学校の敷地内から出ることさえできない。私はあなた達と、近くの街で一緒にコーヒーを飲むことさえできない。もし、私達が同じ環境で生まれ、同じような権利や富を有していたら、もっと色々なことが一緒にでき、友人関係も容易に築けるのかもしれない。でも、いくらそんなことを言っても、私達の間にある違いを消すことはできない。私が今持っているパスポートを焼くことも、日本にいる家族を捨てることもできない。私は日本人としてそういった享受に甘んじて生きていくことしかできない。私達にある違いを消すことはできないけど、私はあなた達と友達になりたい。でも、もしあなた達が私にお金をせがみ、私達の間にある違いをあからさまにさせるようだと、対等な友人関係を築くことはむずかしくなると思う。」

生徒達は、終始無言だった。ほとんどの生徒達は下を向いていた。シャインという、去年のリーダー格の生徒が私につぶやいた。「私達だって、せがみたくてせがんでいるわけじゃないのです。先生もつらいかもしれないけど、私達だって……。」

私は言った、「あなた達が大変なことはわかっている。でも、それに同情はしたくない。同情したら、私達が対等でなくなってしまうように思えてしまうから」。当時、私はシャインが言おうとしていることがよく理解できずにいた。

対等か同情か——一九九六年（回想）

九年前、私はアメリカの高校へ留学した。英語もほとんど話せず、誰とも意思疎通ができない日々が続き、クラスメート達には言語障害者扱いされていた。私は弱者扱いされることにとても苛立ち、常に彼らと肩を並べることができるようにと日々英語の勉強をした。「言葉の話せないかわいそうな日本人留学生」というレッテルを貼られるのがいやだった。私も周りと同じような人間なんだ。たとえ言葉が話せなかったとしても、皆と同じように人間性を持っているのだ。社会的弱者の人びとに社会がもっと目を向けることができれば、誰にとっても住み心地のよい社会になるのではないか。この思いが、私のボランティア活動の原点となった。

そして、私は四年前にユーゴスラビアで難民に出会って以来、取りつかれたように、スウェーデン、マイアミ、タイで難民支援のボランティアに従事して来た。「難民」は別世界に住む人達ではなく、私達と同じ人間なのだ、という思いで活動してきた。他のヨーロッパ諸国出身のボランティアの人達が、難民を違う人種のように扱うのを見るたびに、私はやるせない思いだった。たとえば、タイ‐ビルマ国境で英語を教えるアメリカ人カップルは、「彼ら（難民青年）は、まったく向上心がない。周りからの支援に依存した生活になっている。もっと、自己啓発できないものだろうか？」個人個人で異なるカレン人青年達が、「彼ら」という枠でくくられ、蔑視されていることに、とても腹が立った。「ボランティア」と「難民」の間に、わざわざ壁を作るようなことをするのはなぜだろうと、いつも思っていた。同じ人間なのだから、他の同胞のように普通に接しればいいのに、そうすれば、民族紛争とか民族対立とかはなくなるのではないかと。

＊

そういう思いを抱きながら、私はこのタイ‐ビルマ国境のカレン青年達とも接してきていた。友人感覚で、笑う時は笑い、怒る時は怒り、ふざけあう時はふざけあう。そのためか、生徒の中には私のことをファーストネームで呼ぶような生徒もいたし、私とは「他の先生と違って友達感覚で付きあえる」と、言ってくれた生徒もいた。前にも述べたように、初めてここに泊まり込んだ時に生徒達から批判を受け、心の底から反省し、改めてきたつもりでもいた。

だから、私は勝手に、生徒達との関係にはまったく問題がないと思っていた。そんな自信過剰になっていた私に、「見下している」という生徒達の評定が、またしても下った。難民の人達と対等な関係を築くことに執着して来た私にとって、それまで活動して来たすべてのことが否定されてしまったような思いになった。

日本人だから言えること

寝床にうずくまりながら、トゥトゥが私に言ってくれたことを、もう一度深く考えてみた。彼女は、私が「日本人だから」言えることを、生徒達の前で言っている、と指摘した。つまり、彼らに「お金をせがんだりするな」と怒鳴りつけることは、私が「日本人だから」言えること、ということだ。私は、自分がもしカレン人として生まれてきていたら、ああいうふうに彼らを怒鳴りつけることができたのか、考えてみた。ジャングルで生まれ、日々国軍からの脅威にさらされ、国内避難民としてジャングル内を数カ月ごとに動き回り、食糧不足で栄養失調になり、医薬品不足で下痢やマラリアに苦しみ、そしてタイへ逃れて来たら、難民キャンプという枠の中に閉じ込められた生活を強いられるということを、想像して見た。私のことをかわいがってくれた両親は、もしかしたら国軍に殺されていたのかもしれない。私の行きたいところへどこでも連れて行ってくれた兄貴は、もしかしたらマラリアにかかって死んでいたかもしれない。

私は、タイ最北部にあるカレニ難民キャンプで生まれ育ったカレニ人の友達にこう言われたことを思い出した。

「あなたは、一つの独立国家の合法的な国民として生まれた。でも、私達は違う。私達は、国の合法的なメンバーとしてえることのできる権利を、享受することができない。私は私なりに、一人の人間としてこの世界から認めてもらえるように必死で努力してきた。でも、やっぱり認めてもらえなかった。だから、私は時々、タイ人の振りをしなくてはならない。（彼女は、タイの市民権を非合法手段で取得し、そのおかげで、現在国境難民支援のＮＧＯで働くことができている。）タイ人のふりなんかしたくないし、法律を破るのもいやだけど、でもそうしないとやっていけない時もあるの。ヨーコー、あなたは自分が様々な機会を与えてもらっていることを誇りに思うべきよ。あなたは、私達みたいに顔を真っ赤にして、他人からの援助を待ち続ける必要はない。私達は、食べるため、生きるため、そして生き残るために、他人に助けを求めなくてはならないの。なんで世界はこんなに不公平なの？　私達は同じ人間なのに、なんでこんなにも違うの？」

私がもしこのカレニ女性のような立場だったら、生徒達が私にお金をせがむことに対して怒鳴りつけることができただろうか？　できない。できるわけがない。私は、いつの間にこんなに自己中心的な人間になっていたのだろう！　私は、自分で「対等な人間関係」の定義を定め、その実現の方法も決め、それを生徒達に押しつけていたのだ。私は、彼らと私との間にある違いを気にせずに「対等な関係」を築こうとし、彼らの苦境に対して鈍感になってしまっていた。彼らは難民である前に、普通の人間であり、私も普通の人間であり、彼らが難民であることに同情しすぎたら、私達は対等な人間関係を築くことはできないと思っていた。

それは大きな誤りだった。人間同士が「対等」になるには、お互いの痛みを分かちあってこそ対等になれるのであり、「対等」になるためにお互いの痛みを封印しなければならないのなら、それは表面的な関係でしかないのだ。今回、生徒達が、私に「見下している」との評定をつけたことは、私がカレン人の苦境に理解を示そうとしていなかったことが背景にあるのだろう。私は「日本人」と「カレン人」の違いをなくしたかった。そうすることで、私達は同じ人間として尊重しあうことができるのではないかと。しかし、私がしていたことは、その違いをなくすことではなく、その違いを隠すことだった。だから、私がお金をせびるようなことはしないでくれ、と生徒達に怒鳴りつけた時、シャインは、「先生もつらいかもしれないけど、私達だって……」と自分達の苦境について言いかけたのだった。

また、サムネーが書いたエッセイに、こういう文章があった。「カレン民族はずっと長い間、苦境を強いられてきた。先生にも、私達の苦しみを、少しでも理解していただけることを願います。」彼がこういうことを書くということは、私がどれだけ彼らの立場をわかっていないのか思いしらされた。彼らがほしかったのは、表面的な対等関係ではなく、彼らの本当の痛みに共感し共に歩んでくれる友人だったのだ。

星空の下、お寺の境内で、アイザック、スカント、サムネーと私が、ほろ酔い気分になっていた。おいしいと思ったことのないビールも、この時ばかりは私ののどを潤してくれた。彼らと時間を過ごせるのも、あと残り二日だと思うと、吹いている風が余計に淋しく感じられた。

お別れ会前夜

私の四カ月の滞在があと一日で終わろうとしている。生徒達は、私のお別れ会の準備で大忙し。ダトゥーは生徒代表として、フェリックスは先生代表として、お別れ会で私に感謝の言葉を述べることになっており、その準備に取りかかっている。他の生徒達は、会で歌う歌の練習をしている。ギターを弾きながら歌を歌っているソロネットは、「先生、こんな貧しいところですけど、決して忘れないでくださいね」と言いながら、しみじみと奏でていた。

エミリーやマリアも、私との別れを惜しんでくれていた。「先生、私達のこと忘れないでくださいね。先生は、ここを去ることができてうれしいかもしれないけど、私達はとても悲しいんです」と言ってくるので、「私だって悲しいよ。なんで、私がうれしいと思うの？」と、伝えた。彼女達は、「だって、いつもさびしそうな表情をしているから」と、率直に答えた。

私は、フェリックスを散歩に誘った。四カ月間一番お世話になったフェリックスと、最後の夜にゆっくりと話がしたかった。一年前、私がこの学校に初めて先生として来て以来、彼は常に私に心を開いてくれた。去年、私は生徒達に、勉強は強制的にやらされるものではないという信念のもと、「あなた達が私の授業について思ったことを、何でもいいですから書いて、提出してください。もし、書きたくなかったり、書くことがなかったら、提出しなくてもかまいません」と言った。ほとんどの生徒は、私の一カ月の滞在中、一つか二つの感想を提出してきた。しかし、フェリックスだけは違った。彼は、その日の私の講義についての感想を毎晩のようにノートに綴り、次の日に提出してきたのだ。彼のレポートの数は八つ、九つにもなり、英語の文章力が日々上がっていくのが手にとるようにわかった。

　そして、今年、彼は生徒としてではなく、コンピューターの先生としてこの学校にいる。私と生徒達との関係が悪化した時も、彼は常に私に心温まる声をかけてくれ、私の不平不満に耳を傾けてくれた。フェリックスが常に私の背中を支えてくれるという信頼があったからこそ、私はこの学校でどんな困難があろうとも解決できるだろうと、楽観的になることさえできた。彼自身、カレン民族主義に対しては違和感を抱いていた。繰り返すが、フェリックスはビルマの中央デルタ地区で生まれ、ポーカレンであり、スコーカレン語が話せない。スコーカレン民族が主体のカレン民族主義に閉鎖的に感じることが多々あるようだった。

　私達は、月が照らす学校の庭をゆっくりと歩いた。このでこぼこした広場で生徒達とサッカーをすることももうないのだろう。

フェ：あなたを心から尊敬しますよ。私があなただったら、この学校からとっくに逃げ出していたことでしょう。こんな長い間、私達と一緒にいてくれて、本当にありがとうございました。
私：フェリックスがいなかったら、もうとっくにこの学校とはおさらばしていたよ。
フェ：私もこの学校から出たいと思っています。
私：どうして？
フェ：私がこの学校で教え始めて四カ月になりますが、私自身まったく成長していません。ここでは、自分を伸していくことができない。ただコンピューターについて、生徒達に何度も何度も同じことを教えているだけです。生徒達はこの学校にいることに満足してしまっていて、それ以上のことをやろうという向上心がありません。そして、彼らに対する私の不満を、ここの誰とも共有することができないのが一番つらい。

私：なぜ、君が抱いている不満について、生徒達に言ってあげられないの？

フェ：ここにいる生徒達は、まだ、リーダー以外からの意見を受け入れる状態にありません。彼らは、ずっとリーダーに忠誠を誓うことを義務づけられてきた。私はデルタで生まれ、スコーカレン語も話せません。いわば「部外者」です。そんな私の言うことなど生徒達は耳を傾けようとはしません。私は、生徒達が私の意見を聞き入れられるようになるまで待とうと思います。

私：たとえば、どんなことを伝えたいの？

フェ：時間の使い方についてです。どういう時間の過ごし方が彼らの将来にとってよいのか、考えてもらいたいですね。

私：時間の使い方？

フェ：はい。たとえば、パシャーはビルマ国軍に対して戦うことしか頭にありません。それが彼にとっての将来のゴールなのです。私にとって、それはあまりにも刹那的すぎます。彼らにはもっと長期的な目で自分達の将来を見られるようになってほしい。もっと、遠い将来を見据えることができるように。彼らは、この学校の生徒であることに誇りを感じ、この学校で自分達がどれだけ飛躍できるか考えようとしません。

そう言って、フェリックスは星空を見上げながら、黙り込んでしまった。民族主義というのは人を閉鎖的にもするし刹那的にもさせる。ビルマ国軍という明確な敵があるだけで、その先を見ようとすることができない生徒達がいる。そんな生徒達の中で、常に将来のことを深く考えているフェリックスは、ある意味孤立してしまっているのかもしれない。フェリックスは、少し考え込んだ様子で校舎の方を見つめていた。

「あなたと一緒に過ごした時間を恋しく思うことになりますよ。」そう言いながら、彼は校舎に向かって歩き出した。

お別れ会

一〇月二九日、午後六時半に私のお別れ会が始まった。生徒達は、皆カレン民族衣装を身にまとい大広間に並べられた椅子に座った。正面の壁には、「Farewell Party for Teacher Yoko」という弾幕が掲げられた。生徒達の前方にテーブルが置かれ、そこに私、生徒会長のダトゥー、司会進行を努めるサムネーが並んだ。前年度に卒業した生徒達も何人か駆けつけてくれた。

国境のカレン人の儀式は、どんなものであれ、まずお祈りから始められる。パンワーが立ち上がり、出席者全員が目をつむり、お祈りを聞く。その後、生徒会長ダトゥーから、開会の挨拶が述べられた。

ダ：ヨーコー先生から、私達はたくさんのことを学びました。グローバリゼーションについて、文化について、移民について、ヨーコー先生は私達に教えてくれました。先生から教えてもらったことを私達は胸に深く受け止め、これからカレン民族がグローバル化の中で文化を維持できるよう、私達も身を捧げていきたいと思います。

サ：全員起立して。歌を合唱します。

カレン人は歌が大好きだ。毎晩、お祈りで彼らが歌う歌を聞くたびに私は元気づけられていた。それも、もうこれで最後になると思うと、淋しいものがある。

そして、先生代表としてフェリックスからお礼の言葉を頂いた。

「ヨーコー先生の忍耐力、真摯さ、思いやりに私は深く感謝します。毎晩次の日の授業の準備のために勉強をし、生徒達の質問にいやな顔一つせず答え、何度も何度も同じことを聞かれても忍耐強く生徒達に教えてくれました。私個人としても、先生からいろいろなアドヴァイスを頂きとても感謝しています。中でも、一番私にとってためになったアドバイスは、カレン民族が分裂しないための対策でした。先生は、私達カレン民族が分裂しないようにと、常に心がけてくださいました。本当にありがとうございました。」

通常のお別れ会のルールに反して、私はすかさず立ち上がり、フェリックスに対する私の感謝の気持ちを述べた。

「フェリックス、本当にこの四カ月間いろいろありがとう。一番私が苦労をかけたのはあなたでした。あなたがこの学校にいてくれたから、私は精神的なよりどころが常にありました。何でも話せる親友が近くにいてくれるほど幸せなことはありませんでした。本当にありがとう。」

サムネーが立ち上がり、「それでは、ヨーコー先生のほうから、私達へ勇気づけのお言葉をお願いします。」

「この四カ月間、私があなた達から学んだことは、数え切れないくらいありますが、ここではそのうちの三つを述べたいと思います。まず、始めは、人間関係の深遠さです。あなた達三〇人は、言語も宗教も、生い立ちもまったく異なっている。それでも、あなた達は他の生徒達のことを自分の兄弟のように思いやり、固い絆で結ばれているようでした。最初、言語がわからず疎外感を感じていた生徒もいたようですが、今では、しっかりと学校の中の輪に入っているようです。それは、あなた達が、他の人への深い愛情を持っているという証だと思います。同胞を深く愛することができるから、私のような部外者も快く受け入れることができたのだと思います。これから、あなた達は色々な人に出会うと思います。その時、私に対して見せたあなた達の思いやりを忘れないでください。

二つ目は笑顔の重要性です。あなた達は常に他人に笑顔で接しています。それに比べて、私はあなた達にあまり笑顔を見せることができませんでした。ほんとうにすいませんでした。大学院の論文のことが常に気にかかっていたということ、そして、こういったプライバシーのない環境で長く住むことが初めてだったということが重なって、私の表情はこわばっていたことと思います。これからは、常にあなた達の笑顔を忘れることなく、どこへいっても、元気よく日々を過ごすよう心がけようと思います。

三つ目は、研究者になるということのむずかしさです。私はあなた達にとって先生でもあり、研究者でもあった。日中は授業をし、夜はその日の出来事を調査記録としてまとめ、一人二役をこなしていた。先生であり研究者であったわけですが、私はあなた達の友人にもなりたかった。でも、私があなた達に先生として怒鳴りつけたり、研究者として色々プライバシーにかかわる質問をしたりして、私達の友人関係に色々と障害が生まれました。初めのころ、私はあなた達がしていること、話したことをすべてノートにまとめようとしていました。だから、あなた達とゆっくり座り込んで話す時間も余りありませんでしたし、あなた達は私が聞いてくることはすべて研究調査のためであって、個人的なものではないという印象を抱いてしまったかもしれません。本当は、私は、先生でもなく、研究者でもなく、ただの友人になりたかったのですが。これから、色々な方法で連絡を取りあい、いい友人になれることを願っています。」

私の演説の後は、生徒達の番だった。司会のサムネーが、「それでは、生徒達から先生へ最後のお礼の言葉を述べる時間です。何か、先生に言いたいことがある生徒は起立して、述べてください」と告げた。これこそ、私が一番楽しみにしている時間である。「言いたいことがある生徒」ということは、起立するもしないも生徒個人の自由ということだ。いったい誰が立ち上がって私に声をかけてくれるのだろうか?

セクドゥ

沈黙の後、右隅に座っていた女子生徒がいきなり立ち上がった。常に教室の一番前に座り、授業中一言も発言しなかったセクドゥだ。

「先生、色々ありがとうございました。この四カ月間、私は先生にたくさんの迷惑をかけてしまいました。どうか、お許しください。」

ふだん無口なセクドゥだが、言いたいことははっきり言うのが彼女の特徴だ。敬虔な仏教徒である彼女は、ある日私が学校内に置かれている仏様のほうへ足を向けて寝ていると、彼女がやって来て、「先生は仏教徒ですよね？」と尋ねてきた。軽くうなずくと、「じゃあ、仏様に足を向けて寝るのはやめてください」と指図した。また、一週間前、セクドゥは私に、「先生がこの学校に来たころ、私は先生が怖くてたまりませんでした。だって、先生全然笑わないんだもの。怖くて何も話せませんでした」と言って来た。

そんな彼女が、ある事件を契機に私に心を開き始めた。私は授業で生徒達に作文を課すことが多かった。ある日、彼女が私に作文の下書きを見せに来た際、半ページの作文にまったく同じ熟語が六回続けて使用されているのを見て、自分自身が昔犯していた同じ過ちを思い出してしまい、少し笑ってしまったのだ。しかし、彼女は自分ががんばって書いたものが私に笑われたことに憤慨し、下書きを私の手から奪い取って部屋に閉じこもってしまった。隣にいたダトゥーが、「先生、それがセクドゥにできる精一杯の結果なのですよ」と私に言った。私は「しまった」と思い、次の日の授業中、生徒全員の前でなぜ笑ってしまったのか理由を説明し、セクドゥに謝った。セクドゥは、ただ私のほうをじっと見つめていた。私が謝るのを見て、「怖い先生」という私のイメージが払拭されたのか、それ以来、セクドゥは私に色々と話しかけてくるようになった。

私も立ち上がって、セクドゥにこう返した。「セクドゥが私に謝ることは何もないよ。いつも、明るく話しかけてくれてありがとう。もう、仏様のほうに足を向けて寝たりしないからね。」

ポシャー

その後すぐ、最前列に座っていたポシャーが立ち上がり、いつもの笑顔で私のほうに歩み寄って来て、私にボディーシャンプーを手渡した。そして、何も言わず、そのまま自分の席に着いた。周りの生徒達は爆笑し、私は、「これは、私にもっと体を洗ってくれと間接的に言っているのかな?」と彼に尋ねたら、校内は再び笑いの渦に包まれた。ポシャーは、「ありがとうございました」とだけ言った。

彼は校内最年長ではあるがリーダー的存在ではなく、どちらかといえば生徒達からからかわれるムードメーカー的存在だった。一四歳からカレン軍に入隊し、戦闘で何人もの友人や親戚を亡くし、昨年妹が難民キャンプで亡くなっている。現在二七歳。

彼と私は色々な意味で格闘して来た。前述のように学校は、生徒達の英語能力に応じてA、B二クラスに分けられており、当初、ポシャーはAクラスに属していた。私はAとBで、彼らの英語力に応じて授業の内容を変えていたし、生徒達が討論する内容もAとBではかなりの差があった。私は最初からポシャーの英語力がAクラスに適さないことはわかっていた。ふだんおしゃべりのポシャーが、Aクラスだと、まったくの無口になってしまうのだ。彼の発言力はBクラスなら発揮できるはず、と思い、「ポシャーをBクラスへ替えることはできないか」と、校長のトゥトゥに話を持ちかけたり、彼自身に説得を試みたりしたが、いずれも失敗に終わった。トゥトゥは「Bクラスに彼を落としたら、彼は自信をなくしてしまう」と言い、ポシャーは「お願いですからAクラスにいさせてください。がんばりますから」と、私に懇願して来た。私はAクラスで何も理解できていないポシャーを見続けることができず、英語を教えるオーストラリア人の先生に相談を持ちかけ、ポシャーをBクラスに移すようお願いをした。

Bクラスに移ってからのポシャーは、私が予想していた通り、Aクラスの時とは別人のような振る舞いだった。ほぼ毎日、ポシャーの発言でクラス内の討論が深まっていったのだ。ある日、ポシャーにBクラスに入ってどう、とたずねてみたところ、「はい。とてもいいです。このクラスなら理解できますから」との返答をもらい、私もほっとさせられた。

いつもの笑顔で私の目の前に座っているポシャーを見つめながら、私はこう告げた。

「ポシャー。色々ありがとう。あなたを、ほぼ強制的にBクラスへ移したこと、とても悪く思っています。でも、おしゃべりのあなたがAクラスで黙って座っているのを見ていることができなかったのです、あなたの能力を無駄にしてしまっているようで。AクラスからBクラスに落とされるということは、あなたにとってとてもつらいことだったと思います。つらい思いをさせてすいませんでした。」

エミリー

ポシャーの右後ろに座っていたエミリーが起立し、「先生、本当にありがとうございました。先生のおかげで、私の英語力はとても上達したと思います。将来、先生にまた会える日を願って、これからも英語をがんばって勉強していきたいです」。

エミリーはとても活発な女子生徒だった。ある日の放課後、「先生、一緒にサッカーやろう」と言って来て、二人でサッカーをしたこともあった。男尊女卑の伝統的価値観が根強く残るカレン社会で、女子がサッカーをするのを見たのはこれが最初で最後だった。二カ月ほど前、私は生徒達に日本の文化を知ってもらうため、私の日本での生活を台本にまとめ、演劇を企画した。エミリーは私の姉役を演じてくれた。彼女は、「演劇のおかげで、私の英語の会話力がとても伸びたと思います」と言ってくれ、私に親近感を抱くようになっていった。

私は、「この四カ月間、あなたの英語力はとても伸びました。それは私のおかげではなく、あなた自身の努力の賜物だと思います。これからも活発に日々を過ごし、周りの人達にあなたの元気を分けてやってください」と伝えた。

アイザック

そして、次は後ろのほうにに座っていたアイザックが立ち上がり、前に出て来た。

「今日この会で私達が合唱した歌、私は、ありったけの声を張り上げて歌いました。先生の胸に、私達の声が刻まれることを願って。毎日放課後、先生とグラウンドで走り回ったこと、忘れません。これから、先生の寝床を見るたびに、先生がいないことをさびしく思うと思います。本当にありがとうございました。」

席に戻ろうとしたアイザックを私は呼びとめ、握手を求めた。そして、私は彼にこう告げた。

「私は、先生として、あなたのことをあまり助けることができなかった。あなたにとって、よい先生でいることができませんでした。でも、あなたなら、一人でどんな困難にも立ち向かって行ける勇気があると思いますから、なんの心配もしてません。そして、あなたには、あなたのことを思ってくれるたくさんのクラスメート達がいます。」

アイザックは渋い表情で下を向いたまま、私と目をあわせなかった。

スカント

そしたら、アイザックの親友であり、彼のすぐ隣に座っていたスカントがすかさず立ち上がった。

「色々ありがとうございました。先生は、いつも私に優しく接してくれました。この恩は一生忘れません。」

もっと、言いたいことはあるのだろうが、彼の英語力がついてこないようだった。スカントは、Bクラスのリーダーだった。Bクラスには英語力が極端に乏しい生徒が何人かいるため、スカントは彼らのために私の英語をビルマ語に訳してくれた。そして、私が怒りっぽくなると、彼は、「先生、怒っちゃだめですよ。先生が怒ったら、私達は先生に冗談が言えなくなるじゃないですか」と、私をなだめてくれる存在でもあった。サッカーをした後は必ず彼を自転車の後ろに乗せ、一緒に水浴びに出かけた。

私は、「いつも、私の英語をビルマ語に訳してくれてありがとう。あなたがいてくれたおかげで、

Ｂクラスは盛り上がったと思います。本当にありがとう」。

ムレー

次に立ち上がったのはムレーだ。

「先生、本当にありがとうございました。先生が、スピーチコンテストなどを企画してくれたおかげで、他の生徒達がどんなことを考えているのか知ることができました。これからも私達カレン人のことを忘れないでください。」

ムレーがスピーチコンテストをありがたく思っていたとは意外だった。なぜならムレーは、アイザックのスピーチに憤慨していた生徒の一人だったからだ。アイザック以外のスピーチのことについて言っているのか、それともアイザックが考えていることを知ることができてうれしく思うようになったのか。どちらにしても、ムレーは最初から私のことを慕ってくれた唯一の女子生徒だったと思う。彼女を初めて見た時、私はなぜか初めて出会った感じがしなかった。彼女もそう感じたのか、最初から彼女は私のことをヨーコーと、ファーストネームで呼んだ。彼女はこのお別れ会の一週間ほど前に、手紙をくれた。そこにはこう書かれていた。

「ヨーコー先生は私の一番お気に入りの先生です。私は先生に会うまで、人前で英語を話そうとしなかった。私の英語力はまだまだ乏しいから、もし英語で話したら、周りから笑われるのではないかと思っていたから。でも、先生が授業で私達に色々なことについて討論をさせてくれたおかげで、私は人前で英語を話すことを恥ずかしいとは思わなくなった。本当にありがとうございとした。」

私は、目の前に立っているムレーに伝えた。「私のことを一番お気に入りの先生と言ってくれてありがとう。いつも、ムレーが私に友達感覚で接してくれて、私は嬉しかった。これからも、友達として連絡を取りあっていきましょう。」

ミミウー

そして、ムレーの隣に座っているミミウーが立ち上がった。いつものはつらつとした笑顔で、私に語りかけた。

「先生、本当にありがとうございました。先生のおかげで私の英語力は上達しました。それも、先生が辛抱強く私に色々教えてくれたおかげだと思います。」

辛抱強く、というのは、おそらくスピーチコンテストの前夜、彼女と二人でスピーチの練習を繰り返し行ったことを言っているのだろう。私が元気がない時、彼女はいつも私のところに来て、「先生、元気ですか?」と大きな声で聞いてくる。それで私が、「元気だよ」と答えると、「うそだ! 顔が元気そうじゃありませんよ!」と、彼女は常に私の一枚上をいくのだ。一六歳の彼女がこれからどういうふうに成長していくのか、とても楽しみだ。

「ミミウー。いつも私のことを元気づけてくれてありがとう。あなたを見るたびに、私は自分が一六歳のころはもっと幼かったなあ、とか、もっと暗かったなあ、とか反省していました。ビルマの家族と離れ離れになり、同い年の仲間が一人もいないこの学校で、よくめげずにやっているなあ、と感心しています。これからもその調子で、自分を伸していってください。」

沈黙が続いたのを見て、サムネーが立ち上がり、「最後に私からも感謝の意を述べさせていただきます。本当にありがとうございました」と言い、生徒達からの言葉が終わった。計七人の生徒達が自ら立ち上がり、私にお別れの言葉を述べてくれた。クリスタルやシナサンは立たなかった。

「それでは、次に生徒会長ダトゥーから、閉会の挨拶をお願いします」と、サムネーが促した。

「ヨーコー先生については、生徒達から様々な評価がありました。よい評価もありましたし、悪い評価もありました。よい評価の中には、こんな劣悪な生活環境にも順応できる柔軟性、毎晩机に向かう勤勉な姿勢、興味深い講義などでした。一方、生徒の中には、ヨーコー先生は私達生徒を分裂させようとしている、と言う者もいれば、生徒達のことを見下している、と言う者もいました。最後に、ヨーコー先生と私達の違いについて一つ述べたいと思います。私達カレン人は、自分達の思っていることを口には出そうとせず胸の中に秘めがちですが、ヨーコー先生は、思っていることを必ず周りに伝えようとする。特に、何か不公平なこととか、正義感に反することがあったら、それらを必ず周りの人達に伝えようとする。こういった姿勢は私達カレン人には欠けている資質であり、先生から学ぶべきことなのではないかと思いました。先生、本当に私達のためにここまで来てくださり、様々なことを教えてくださり、ありがとうございました。」

まさかダトゥーが、私の悪いうわさについて別れの場で言うとは思わなかった。生徒達の中に、私が生徒達を分裂させようとしていると思っている者がいる――三〇分ほど前、フェリックスは正反対のことを言っていた。私が生徒達を分裂させようとしていたのか、結束させようとしていたのか、それは自分でもわからない。ただ私は、誰かが抱えている痛みを周りにいる人びとが共有できる人間関係を理想とし、それを追求したかっただけだった。アイザックが抱えている痛み、シナサンが抱えている痛み、ふだん一緒に生活していても気づくことのできない、彼らが胸の奥深く抱えている痛みを、しっかりと受け止められる人間になってほしかった。その結果として、その共同体が結束するかしないかはその共同体のメンバー次第だろう。もちろん、あくまで私の意図は彼らの結束だった。でもその私の試みが、分裂させようという意図に思われたのなら、それはそれで仕方のないことだと思う。

二時間後、送迎のトラックが学校の前に止まり、私は見送りに出て来てくれたみんなに最後のお礼を告げてその場を去った。セクドゥは寝室でうずくまって一人で泣いていた。アイザックも見送りには出て来られないようだった。フェリックスが、「アイザックは別れが辛すぎて出て来られないのでしょう」と言った。車の助手席に乗り込み、車が動き出した。私は窓の外のフェリックスと手を握りあいながら、「私のことを忘れないでください」と伝え、彼は「決して忘れませんよ」と答えた。

車は学校の敷地を出て行った。バスターミナルに着くと、バンコク行きのバスに乗り込み、メーソート市のチェックポイントでタイ警察にパスポート提示を求められた。警察は私の顔とパスポートの写真を見て、「こんにちは!」と明るい声で挨拶をし、パスポートを返してくれた。四カ月間四六時中一緒にいた生徒達がもし今このバスの中にいたら、会釈で迎えられるどころか直ちに強制連行されてしまうのだと考えたら、私達の別れは宿命的なものなのだと感じてしまい、妙な無力感に浸された。

シナサンは別れ際に、一通の手紙を手渡してくれた。バスに揺られながら、私はその手紙を読んだ。

「先生からこの四カ月間、たくさんのことを学びました。その中でも一番重要なことは、『勇気』です。カレンは、とてもChauvinistic（同属偏愛）のところがあり、他の人の意見を聞き入れることができない人が多いですから。先生みたいに自己主張が強い人にとっては、とても住み心地が悪かったのではないかと思っています。よく、私達と同じ屋根の下で四カ月も暮らすことができましたね。これから、何かくじけそうなことがあっても、先生の勇気を思い出すことで、自分を勇気づけようと思います。」

シナサンは、私のよき理解者だった。勇気。自分が人一倍勇気ある人間だなんて思ったこともなかった。逆に、自分は周りから嫌われることにびくびくしながら毎日を送っている臆病者だと思っていた。アイザックのスピーチの後、シナサンはこの手紙を書いてくれたようだった。彼女の手紙を握り締め、私はバンコクからアムステルダムへ飛び立った。蚊帳、井戸、でこぼこの原っぱ、もうあの世界には戻ることがないのだろうか。

10　再　会

二〇〇五年夏、私はオランダの大学院を終了し、九年間の海外生活に終止符を打ち日本に帰国した。帰国後まもなく、私は黒いスーツに身を包み東京の高層ビル群を見上げながら汗だくになって就職活動をしていた。研究者としての道は断念し、国際協力関連の組織で働くにも実務経験が必須ということもあり、とりあえず日本で就職して社会人としての経験を積もうと考えた結果だった。リクルートスーツで日本の同年代の若者達と同じように身を包むのは、とても違和感があった。それまでの私の海外経験がすべて闇に葬られ、また一から日本社会でやっていかなければならないのか、などと悲観的になっていた。タイでの体験など、遠い昔のことのように感じられた。それでも、会社の面接で自分の過去の体験について聞かれると、決まってタイでの四カ月間が頭に浮かんで来た。

某会社の一次面接で、こんなことを聞かれた。「今まで、あなたがとても信頼できた人について語ってください。その人がどんな人なのか、そして、その人とあなたとの違いについて教えてください。」

私は、真っ先にアイザックの顔を思い出した。

「去年、私はタイ－ビルマ国境のカレン民族の難民によって立てられた青年学校で、四カ月間ボランティア講師をしました。そこで、アイザックという生徒に出会いました。彼と私はとても仲よしになり、どんな悩みでも話しあうことができました。とても正義感が強く、間違っていると思ったことを、はっきり間違っていると周りに伝えることができる勇気が彼にはありました。その学校には、言語などの違いにより、多数派と少数派にわかれてまして、アイザックは少数派に属し、常に多数派から差別されているように感じていたのです。それに対して、彼は私の授業中みんなの前で、学校内の差別をやめようと訴えかけたのです。私と彼の最大の違いはここだと思います。もし、私が彼だったら、あんなことをみんなの前で言う勇気がなかったと思います。」

　そこで、面接官は、「その違いはどこから来ると思いますか？」と、突っ込んで来た。それまで考えたこともなかったので、戸惑った。あの学校を去ってから一年近くたっていたので、薄れかけた記憶を頭の中でたどりながら、ゆっくりと答えた。

「彼は、自分の幸せよりも、常に他の生徒達の幸せを考えていました。三〇人生徒がいて、二九人分のご飯しか用意されていなかったとしたら、彼は真っ先に自分はいらないと言うような生徒でした。だから、周りの生徒達から絶大な信頼を受けていた。その信頼があったからこそ、彼は他の生徒達を目の前で批判しても、彼らに嫌われないという自信があった。私だったら、他の生徒に嫌われるのが怖くてできません。私は、自己実現ばかりにこだわって、周りの幸せを本気で考えたりしなかったかもしれません。」

　面接官はさらに突っ込む。「そういった、自分の欠点を改善しようという努力はしていますか。」

「はい。できるだけ人の話に耳を傾けること。周りの人達と支えあって生きていくことが、自己実現につながっているということを常に自分に言い聞かせ、もっと、周りを気にかけるように心がけています。」

　アイザックが見せてくれた彼の勇気、そして他の生徒に対する思いやりの気持ちを、私は生涯忘れることはないだろう。この面接で、アイザックが私に授けてくれたものの大きさを改めて実感することができた。

＊

無事就職活動を終え、ある新聞社から内定をえた私は、入社までの六カ月間、ビルマ市民フォーラムというNGOの運営委員を務めることになった。ビルマの民主化を願う日本人と在日ビルマ難民が立ち上げたNGOで、ビルマ民主化のために様々な活動をしている。運営委員になって間もなく、バンコクでビルマ民主化を願うNGOの集りがあり、ビルマ市民フォーラムにも招待状が届いた。その時一番時間をもてあましていた私が行くことになった。

二〇〇五年一〇月八日に会議があり、私は生徒達との再会を楽しみに、メーソート行きのバスに乗り込んだ。七時間後、メーソートに到着し、そのまま学校があったメパ村へ向かった。生徒達は二〇〇五年三月に学校を卒業しており、今現在、どこで何をやっているのかわからない。ただ、何人かとはEメールでつながっていたため、メーソート近辺に残っている生徒がいることは知っていた。カレン青年組織へ行くと、ダトゥーがいた。前ぶれなしの私の来訪に仰天した表情で、私を迎えてくれた。彼の話では、何人かの生徒達はビルマ国内の国境へ、他の生徒達は難民キャンプへ戻り、それぞれの場所の学校で先生をしているという。残りの生徒達は、ここメパ村やメーソートに残り、様々なカレンの組織で働いている。フェリックスはメパ村で、他のカレン青年達と一緒にオーストラリアの大学の通信教育を受けている。

アイザックは、メーソートにあるカレン情報センターという、カレンについての資料を管理する組織で翻訳の作業に携わっているらしい。結局、ビルマ国内には帰らず、カレン組織で働くことになったようだ。私はまずアイザックに会おうと、その組織の本部へ向かった。到着すると、アイザックは建物の前に立っており、笑顔で駆け寄って来た。「ダトゥーから連絡が入り、先生がここにやって来るって伝えてくれたのです。」一緒に昼ごはんを食べ、それぞれの近況について話しがはずんだ。

「私のほかにも、ソロネットも、このカレン情報センターで働いています。一緒に仲よくやっています。」

ソロネットといえば、アイザックの演説を弾圧した急先鋒だった。KNU幹部の息子で、スコーカレンに属し、国境で生まれ育ち、ビルマ語は日常会話程度しかできなかったはずだ。

私：ソロネットとは、どうやって意思疎通しているの？

ア：彼も、ビルマ語を学ぶようになったのです。彼は私にスコー語、私は彼にビルマ語を教えています。

私：去年、私が学校にいたころ、君とソロネットが会話することなんて滅多になかったよね？

ア：はい。彼はビルマ語があまり話せませんでしたから。でも、学校が終わりに近づいて来て、みんな別れをさびしがるようになっていって、和気あいあい仲よくなっていきました。毎晩、みんなでテレビを見て、そのままみんなで寄りそいながら寝てました。

去年、学校を去って以来、アイザックがその後どうなったのか、ずっと気にかけていた私にとってはうれしい話だった。しかし、あれだけ決裂していた生徒関係が、一つ屋根の下にいるというだけでよくなっていくものなのか？

私はアイザックをバイクの後ろに乗せメパ村に行き、フェリックスを訪ねた。途中、道に迷い、私は当時腱鞘炎で腕の痺れが限界に達しアイザックに運転を代わってくれと頼んだ。驚いたことに、彼はバイクを運転したことがないらしく首を振った。そこで私は、即席スパルタ方式で彼に運転の仕方を教えてやり、約一時間後、たどたどしい運転ながらも、なんとかメパ村にたどり着くことができた。私の怒鳴りながらの強制的訓練を受けたにもかかわらず、彼はいつもの笑顔で、「今まで先生から教わったことの中で、これほど将来に役に立つことはありません」とおどけて見せた。

フェリックスは、他の五人のカレン青年と一緒に一戸建ての家に住み、そこでオーストラリアの大学の通信教育を受けている。家に着くなり、私達は一時間ほどセパタクローに没頭し、一年前の日々を懐かしく思い起こした。その後、三人で近くの屋台に移り、タイのサラダをつっつきながら語りあった。私は、私が去った後の生徒達の様子についてフェリックスに聞きたかった。

私：去年、私が去った後は、どうだった？　何か、問題はなかった？
フェ：そうですね。特になかったと思います。

と、淡々と語るフェリックスの横でアイザックはうなずいていた。そこで、私が一番聞きたかったことを、思い切って聞いてみた。「私が去る一週間前、アイザックが行った演説についてなんだけど、今、思い返してみて、どう思う？」

これは、私が一年以上、頭から離れない問題だった。果たして、あの演説大会は後の生徒の関係によい影響をもたらしたのだろうか。この問いは、一年の学校生活が終了した今でこそ聞ける問いだった。アイザックはあの演説をしたことに対して後悔しているのだろうか。彼の返答は、私を膠着させた。

ア：……。あれは、言うべきじゃなかったと思います。ああいうことは、自分の中にそっとしまっておくことなのじゃないかと、思いました。

フェ：私もそう思います。今、私達カレンは、結束しなければならない時です。アイザックが持ち出した問題は、私達がカレンの自由を勝ち取った後に、議論されるべき問題だと思います。

私は、ショックで何も言うことができなかった。彼らに悟られないよう、頑張って笑顔を取り繕い、「ああ、そうか」と、何気なく返事をした。その話題はすぐにどこかに消え去り、ジョンやスカントらの近況について、フェリックスのこれからの進路など、積もりに積もった話に花が咲いた。しかし、彼らと話をしている間中、私は、「自分がしたことは間違いだったのだろうか？」と、頭の中で自問し続けていた。

その夜は、メパ村周辺にまだ残っている去年の卒業生全員を招いてささやかなパーティーを開いた。アイザック、フェリックスはもちろん、マリアやムレーなどの女子生徒達も来てくれた。めったに飲まないビールを片手に、その夜は一年前の思い出話に花を咲かせた。

＊

二〇〇五年一二月二〇日、大雪に埋もれた新潟県南魚沼市の実家で、私がこの文章を綴っている真っ最中、なんと、アイザックからEメールが届いた。他の生徒達からは頻繁にEメールは来るのだが、彼からは一通も届くことがなかった。それが、彼のことについて書き綴っているこのタイミングに、初めてのEメールが来るとは。少し興奮しながらメールを開けた。

「メリークリスマス。先生、お久しぶりです。今まで、こちらからまったく連絡せずにすいませんでした。私のよき理解者である先生なら、私のご無礼を許してくれますよね。先生は今どこで何をやっているのですか？　クリスマスは、どうやって過ごされるのですか？　先生がいなくて、さびしいです。私は、先生のように、若くて、ハンサムで、頭のよい先生には出会ったことがありませんでした。色々、先生に教わったこと、感謝しています。英語やバイクの乗り方など、一生忘れません。本当にありがとうございました。先生が、よいクリスマスを過ごされることを願っています。」

彼が、私のことを「よき理解者」として慕ってくれていたことに救われる思いがした。ただ、英語とバイクの乗り方以外にもたくさん教えたつもりだったのだが、その二つが彼の記憶の中に一番残っているのかなと少し寂しさを感じた。私が学校に滞在中、彼が私のことを、若くて、ハンサムなどと褒めるようなことはなかった。年功序列が厳格なカレン社会で、私のような友達感覚で付きあえる教師は、彼にとって貴重な存在だったのかもしれない。

私は、アイザックに返信した。

「久しぶりだね。Eメール嬉しかったよ。私は、元気でやっているよ。来年の四月から、私は新聞記者として働くことになった。それまで、ビルマ市民フォーラムというNGOで運営委員として活動する。私の家族も元気でやっているよ。クリスマスは、両親と一緒に過ごす予定だ。日本では、ケーキとか、鳥の手羽先を食べたりするのだよ。アイザック、もう一度だけ教えてくれないか？　一年前のあのスピーチコンテスト、君は本当に後悔しているのか？　私は、この一年間、ずっと君のスピーチについて考えて来た。あのスピーチをやらせるべきだったのかどうか。三年前、私は初めてカレン民族に出会った。それ以来、なんで人は自分の民族のために命をかけて戦うことができるのだろうか、ずっと考えて来た。自分の民族のためなら人を殺すことも、周りの人を疎外することもできる、という閉鎖的な民族主義にずっと違和感を抱いて来た。だから、君があやって、カレン民族主義の閉鎖的な部分を指摘してくれて、私は救われる思いだった。自分が言いたいことを、君が代弁してくれたから。でも、そのせいで、君は弾圧を受けた。私の代弁をしたがために。だから、もう一度聞きたい。君は、本当に後悔しているのだろうかと。」

次の日に、アイザックから返事が届いた。

「私は、あのスピーチをしたことを後悔はしていません。ただ、クラスメート達が私の思いを理解してくれなかったことは、とても残念に思っています。クラスメートの中には、私があのスピーチを先生にさせられたと思っている者もいるようです。先生が言いたかったことを、私に代わりにやらせたのだと。でも、それは違う。私は、私が思ったことをそのまま言いました。クラスメート達は、私が言っていることを理解しようとしなかったのです。私はいつか、彼らが私の言いたかったことを理解してくれる日が来ることを願っています。」

あの演説から一年以上たった今、こうして日本であの時の思い出を綴っていく中で、いつの間にか私は、アイザックにあの演説をさせたことが正しかったのか間違っていたのか自問することをやめていた。一年前、遠くかなたで格闘している自分を振り返ってみると、自分の行いを正当化するよりも、そういう自分がいたという事実を見つめ、それをどう未来へつなげていけるか模索するようになっていった。アイザックにとっても、あの時、ああいう自分がいたということを決して忘れることはないだろうし、彼が私のことをよき理解者として慕ってくれ、これから私達の友情関係が続いていくことが一番大事なことなのだから。

アイザックを助けてやりたい一心でもがいていた私と、学校内の不平等に不満を募らせていたアイザックが、二〇〇四年の七月から一一月までの四カ月間一緒に過ごしたという事実で十分であり、私達がしたことが正しかったのか否かなど確認する必要などないのだ。

教えない実験結果――筋書のないドラマ

黒岩秩子

人生とは、所詮実験である。壮大な冒険とも同意語だ。これぞ正しい人生、などあるわけがない。どんな生き方をしても、それは実験にすぎない。だとすれば、思いっきり常識はずれの実験をしてみたくなるというものだ。七人目の子どもにしてようやく「教えないで育てる」などという実験を思いついた。一六歳ぐらいまでの実験結果はすでに報告済(『わがまま?いじめ?勉強?・=何も教えない子育て』『ヘンテコおばさんと子どもたち――非常識のハーモニー』)だが、かいつまんでここに記すことにする。

そもそもなぜ、そんな実験を思いついたのか。

初めての出産で登場したのが、願い通り女男の双子だったので、この二人に「性別にとらわれずに育てる実験」に参加してもらうことにした。同じ洋服、同じ言葉づかい、同じに家事をしてもらおう。分娩台の上で描いた構想は、たちまちにして私に予想外の結果を示した。泣き声といい、ミルクの飲み方といい（その年は、一九六六年、人工栄養のピーク時だった）、世に言われるような性差を示していた。「女に生まれるのではない。女に作られるのだ」と言ったボーボワール女史に抗議しなくては、と思い始めたが、それにはまだデータ不足！　あと、二組ほど男女のコンビを生んでみよう。

これまた願い通り、男女の年子が二組出現。始めの双子とあわせて三組の男女を実験的に育てて、それなりの結論をえた。今となって見ると、男、女、という二極分離の考え方には問題があること、性同一障害などでそのことが明らかになってきたのだが、ここではそれにはふれないことにする。

六人を産んで、すっかりやめるつもりになっていた時に、この時ばかりは願いに反して七人目を身ごもり、出産した。これは、「生まれた時から率先して教えなかったら、いつまでオムツをしているのか、どんなことになるのかやってみよう」と考え始めたのは、いつごろからだったろうか？

保育所でゲームをしていても、大人が仕組んでさせている時には「仕事」、自主的にやっていることのみが「遊び」、そんな子どもの世界を発見してしまったら、とても「させる」なんてやっていられない！　ほんのわずかな子ども時代を、体中が輝いている「遊び」の世界に浸らせてあげたい、と痛切に願った。その結果、子どもがとことん遊びこんでいるのを眺めたり、トラブルになって大人を必要としている時に立ち会ったり、なるべく色々な挑戦ができるように環境を整えることだけを自分の仕事にしようと心に決めたころ、生まれてきた末っ子揺光には、「能力の準備が整えば、教えても教えなくても、同じころにできるようになる」というレディネスの法則が、真なのか偽なのかをたしかめる実験に協力してもらうことにした。

これは実はとても手のかかることだった。洋服の脱ぎ着一つとっても、すべて親がやり、まだ未熟な手で自分の口より周りに振りまく食べ物の方が多い状態でも、本人がやりたいことをさせることに徹したのだから。また、小学校四年生で子どもだけで沖縄に行くといえば、そのための手配は私がするのだ。上の子ども達は、皿洗いを子ども達にさせるのは親が自分の仕事を減らしたいからだというように理解していたらしいが、七人目ともなると、自分の時間を確保するために、というような意識はだんだん影をひそめて、子どもがしたいことはなんでもさせてあげたい、という保護者意識のほうが、上位を占めるようになってきた。

だがこれは、子どもが王様のようになって、大人に命令しているのとは違うと思っている。少なくとも私は、彼からの命令口調に対しては、毅然と拒否したつもりだ。「君からそう言われる筋合いはない」というような言い方をしたのだろう。私から愛されているということに疑問を持つことはないだろうという自信が、そうさせていたのだと思う。

ところがこの一方的な「自信」が崩れ去る時が訪れた。「教えないで育てるなんて、いやだ」と宣言されたのは、揺光が中学三年の時。そして、突然アメリカ留学の希望を口にした。交換留学の試験のための願書に書いたのは、「自分を一回りも二回りも大きくしたい」だった。自分が気にいらない、それを変えるのに留学というチャンスを使おう、という揺光の挑戦は、私にはうれしい意気込みに思えた。自信が崩れ去り、少し無口になっていた私も、こんなふうにして自分を変えていこうというエネルギーがあるなら、それでいいのでは、と自分の子育てを認めることができるようになってきた。

嘗め回すようにして育ててきた揺光が一五歳で日本を去り、アメリカの高校に行った。そこは、当然のことながら、家の中でも、学校でも言葉の通じない人に囲まれて暮らすわけだから、一通りの苦労はあったにちがいない。さらに大変だっただろうことが私に理解できたのは、翌年現地を訪ねて、空港でホストマザーに出会った時だった。なんと一五〇キログらいの巨体を支えきれない、足が痛んでの車椅子生活を余儀なくされている一人暮らしの女性だったのだ。初対面の抱擁中に、涙がこぼれてしまった。「こんな身体で、言葉の通じない男の子の面倒を見てくださったのか。」感謝でいっぱいになると同時に、揺光も大変だったのだろうと思いを馳せた。でも、車の運転、食事作りなどは、片方の手が不自由だということにもめげず立派にやってのけていたし、揺光は初めて出会った日に、娘夫婦が夜になっていなくなったのでとっても心配になったというが、その後はどんどん信頼関係ができて来て、揺光が彼女をサポートすることもあったようで、二人の関係は叱っていただけるくらいにまで深まっていった。

半年ぐらいで、彼は、もう一年私的契約でアメリカに残りたいと言い出した。お願いしたら、快く同じ家、同じ高校にい続けられることになった。それは、彼がアメリカでの生活が気にいったからだとごく単純に考えていた。誤解の天才秩子の面目躍如である。誤解だとわかったのは、何年もたってからだった。その時揺光はこう言った。「二年目にアメリカに行く時はとっても不安だった。友達が自分を受け入れてくれるのかどうかとっても心配だったから。でも、向こうの空港に友達二人が迎えに来てくれていて、どんなにホッとしたことか！」いやいや、それを聞いた時にはごめんねも言えず、ただただ恥じ入るばかりだった。

そもそも、なぜそんな不安を持ちながら二年目も い続けるという選択をしたのか？　彼はこう言った。「一年で止めてしまえば、姉や兄と同じでしょう？」次女の海映、三男の乙水、三女の帆姿、がそれぞれアメリカで一年間を過ごしている。それとは違う選択を、という狭い狭い道を歩くことを「七番目に生まれたという不幸」が強いていたのだという。そういえば、六人目の帆姿も、こんなことを言っていた。「保母になるといえば、秩子になっちゃうし、学校の教師といえば、萌ちゃんになっちゃうし」で、職業選択に苦労したと言うのだ。六人の子どもがすべて医者になっているという医者家族を知っているので、家の子ども達が揃いも揃って、上の子と違う選択をしなくてはと考えていたということに、親として少し責任を感じている。「みんな色々と違うことをやってほしいなあ」というようなことをつぶやいていた親が一人いたように記憶しているから。

オクラホマの高校に二年間通って卒業し、マイアミ大学に入学。三年の時に、姉妹校であるスウェーデンのウプサラ大学に留学して、ヨーロッパの文化にふれた。ウプサラの赤十字で、難民達に料理を作るというボランティアをし、世界中の難民の生活を覗く。クルド人に国を訪ねると「クルギスタン」と答える。そんな国あったっけ？　と考える。国を持たないクルド人達は、頭の中で作り上げた「クルギスタン」に住んでいることになっている。

休みを使ってユーゴに出かけ、難民キャンプの生活を体験。

ガーナへの集団ボランティア体験。

一年間のヨーロッパ生活は、彼の視野を世界中に広げることを助けた。二〇〇二年一二月にマイアミ大学を卒業し、翌年の九月からオランダのユトレヒト大学大学院修士課程移民学専攻に進学した。それまでの八カ月間、インターネットで探し当てたタイでの難民の調査機関へ、インターンとして所属させてもらうことになった。バンコクでのデスクワークに飽き足りなくなり、これもまたインターネットで探し当てたビルマからのタイへの難民キャンプに行き、そこの青年達が在籍している学校にいってみた。そこは、メーソートというタイの北部の都市に隣接したメパ村にあるビルマの少数民族カレンの学校で、ＫＮＵというカレン民族同盟が運営する未来の民族指導者を養成する少数精鋭の学校だった。

中学時代からはまり込んでいた賭け事の世界からいつのまにか足を洗っていた。小六の時から新聞配達で貯めたお金はほとんど競馬につぎ込んでいた。競馬新聞でリサーチをして、かなり儲けることもあったという。兄からは、大の大人がまじめに一カ月働いてようやく手にするお金を一瞬にして得てしまうようなことに染まってはならない、とよくお説教されていたが、一向に聞く気配はなかった。後に聞いたところによると、中学、高校の友人達は、「揺光の近くにいるとなんだか楽しいことが起こる」と言って、彼の賭け事を一緒に楽しんでくれていたらしい。

ところが、本当に打ち込めることを見つけてからは、いつのまにか競馬から遠のいていった。自分でも、そのことは気がついていたと言っていた。つまり、打ち込めるものがない間、競馬をはじめとする賭け事に楽しませてもらっていたということに。

秩子からの経過報告

本書は揺光が、私達家族のために日本語で送ってきたレポートである。

私はこれまでも、揺光から送られてくるレポートを読んでは感動していた。しかし今回、「総集編」というタイトルで送られてきた最後の四カ月のレポートを読んだ時が一番の感動だった。「よくやったね。えらいね」と電話した。

生徒達ととことん格闘できた息子を誇りに思う。同時に、まるで自分と同じぐらいの年齢の「先生」をここまで「対等に」付きあってくれたカレンの青年達の優しさに深く感謝する。

二〇〇五年五月、揺光はオランダのユトレヒト大学の修士を卒業した。その卒業式に私も参加した。たった八人の卒業生だというのに、大勢の家族、友人が参列していて、とってもにぎやかな会だった。たった八人の卒業生だというのに、大勢の家族、友人が参列していて、とってもにぎやかな会だった。揺光関係者は私一人かと思っていたら、なんとポーランド、ドイツ、スイス、オランダから一人ずつ来てくれていた。ポーランド、ドイツ、スイスの友人はスウェーデンのウプサラ大学で知りあった友達だった。そのうちの二人は私もすでに何回か出会っていた。

ポーランドの女性は、私達がアウシュビッツに行く時に、彼女の家に泊めてもらったこともある。これら三人の友人達は、みな、電車で来ていたが、どの人も裕福なわけではないので、揺光への友情の深さを深く深く感謝した。

担当の教授が一人ずつに話しかけるのが卒業式のメインで、たった八人だというのに一時間以上になっていた。英語がわからない私には、ほとんど何を言われているのかわからなかったのだが、先生の話が終わると揺光は自分が着ていたカレンの民族衣装を脱いで先生に贈呈した。この衣装は一枚の布を半分に折って、真ん中をくりぬいて首を通すという形のベスト状の物だった。揺光は、カレン族への愛情をそのような形で表現したように感じた。だから当然のことながら、教授は自分の上着を脱いでそれを身につけると考えていたのに、そうはしなかった。照れくさそうに持っているだけ。式が終わってパーティーになった時に私は、教授に話し掛けた。「どうして身につけてくださらなかったのですか？」私の英語が通じなかったのかどうかはわからないが、答えをいただけなかったことははっきり覚えている。揺光がとりなしてその場はそれで終わった。

今回の揺光の原稿を読んでいて、「ルールにとらわれず、自分の好きなようにタイでの経験を書いてみようと思い、コンピューターに向かった。しばらくして涙が溢れてきた。自由にものを書く楽しみを改めて痛感し、今までオランダで送ってきた学問的生活がどれだけ自分を縛りつけて来たのかわかったからだ」（二一四頁）というところで、私が思い出したのは、この卒業式での光景だった。教授はきっと揺光の論文について色々忠告してくれたり、意見を述べて「指導」してくれたにちがいない。また、さらには、ほめてもくれたのだろう。でも、心を受け止めてくれたとは思えなかった。揺光にとってカレンの民族衣装は、当時自分の次に大切なものだったのだろうと思う。それを教授に捧げたのは、修士論文を、このテーマで書かせてくれたことへの感謝の気持ちだったのではないかと思う。というのは、八人の卒業生の中で、フィールドワークをして論文を書いた学生は、ほかに一人もいなかったという。全員、資料を読んで、それをまとめるという論文だったというのだ。そのほうが学生にとっても教授にとっても楽に決まっている。

＊

二〇〇五年一〇月にバンコクでビルマ民主化を願うＮＧＯの集りがあり、揺光は日本のビルマ市民フォーラムの代表としてその会議に参加した。その時、韓国の代表として参加していたスージンとすっかり意気投合して、それ以来二人の付きあいが続き、二〇〇九年二月にソウルで式を挙げた。

二〇〇五年秋、スージンは日本に来てわが家にも泊まっていった。その後何かにつけてこちらに来ていたが、二〇〇六年九月には、わが町にある国際大学に留学して来た。そのころ毎日新聞社の奈良支局に勤務していた揺光に会いに月に一~二回奈良を訪ねているスージンに「どうして君のボーイフレンドが揺光なの？」と言う友人達が多いのに対して、揺光に「どうして君のガールフレンドがスージンなの？」と聞く人はいないらしい。それほどスージンはみんなの人気者。九月末に入学したばかりだというのに、一一月に行われた国際大学のオープンパーティーの総合司会をやってのけている。国際大学は、日本の財界が商社マンの育成のために作った英語のみの講義で成り立っている大学院大学だ。今では、七〇％が外国人学生で占められている。世界中の国々から学生が集まっているところで、彼女は平和学を専攻していた。夫が理事長を勤める医療法人が経営する老人デイケアにボランティアで通ってもいて、言葉がよく通じないというのに、すっかりお年寄りのマスコットになっていたという。

そんな彼女との関係の中で、揺光がどんな「男女平等」を実践していくのか楽しみに見守ることにする。

教えないで育てるという関係

教えないで育てるという関係について、私が考えてきたことを紹介しよう。

四一歳で産んだ揺光は、私にとってはまるで「孫」というような存在だった。六人の子ども達ですっかり終わりにするつもりだった子育てを、たんすの底から引っ張り出してきたという感じでもあった。どこの母親でも、子どもが下になるにつれて気持ちが穏やかになり、上の子を育てる時よりも許容量は広がっているもの。早く大きくなってほしいという感覚がなくなり、なるべくいつまでも赤ちゃんでいて欲しいと思えるようになる。だから自然にゆったりとした子育てができるようになってくるというのは自然のなり行きだろう。

とはいえ、四一歳の母親は、まだまだとらわれているところもあって、たとえば母乳、どこかで断乳をしなくてはいけないと思い込んでいた。一歳か、二歳のころ、夜寝る時にお乳をやめようということで、泣いているままにほっておいた。その結果、なんと二時間半泣き続け、とうとう私のほうが折れる結果となった。「癖を直す最良の方法は、思い切りやらせること」をとることにして、とうとう彼は五歳半までお乳から離れなかった。

そんな時のストレスからか、彼のおねしょは中学二年まで続いた。子どもにとって、この世に生まれ出て来るということは、たくさんの障害物を乗り越えなくてはならない。まずは、親を選べないから、きっとこんなに気がきかない親でも仕方なく諦めてくれたのだと思う。「七人目に生まれた不孝」と前に書いた。年老いた親の元に生まれることをはじめ、たくさんの兄姉がいるというにぎやかな環境をいやだと思ってもそこから逃れられない。自分が何かをしてもらいたいと思っても、大人の都合でできないことがいっぱいだ。たくさんの我慢を強いられる。

私自身、子どものころは、とっても不自由だったという気がしている。幼児の頃を思い出すと、叱られている場面しか思い出さない。「ちょこまかしてばっかりいて！　少しはじっとしていなさい。」その言葉が一番先に思い出される。今なら、さしずめ「発達しょうがい児」と言われていたのではないだろうか？　ＡＤＨＤという言葉を見た時、これだ！　私の病気は！　と思ったものだ。注意欠陥多動障害！　だから親は私を育てるのがとっても大変だったのではないか？　ということにも気がついた。しかも、父は戦争に行っていたので、私が小学校に入学するまで、母はその母と二人で私を育てていたのだから。

また、ある程度大きくなってからでも、大人達が私の行動を制限してきて、「自分で金を稼ぐようになったら好きなようにしなさい」と言ったものだ。私はそれを聞くたびに早く大人になって自分で稼ぎたいと思っていた。と同時に、自分が大人になったら子どもにはなるべくやりたいことをやらせてやろうと決心もしていた。私は、自分の子ども時代のことをよく覚えている。そのころすでに、自分が親になったら、なるべく子どものやりたいことはさせてあげようと考え続けてきた。だから、子ども達から、「どうしてだめなのか？」と聞かれると考えに考えて、少しずつ少しずつ私の許容量を広げてきた。揺光はそういう点では、上の子どもに比べると恵まれていたのでは？と思う。自分で稼いだお金で競馬のチケットを買うということも許容量のうちだった。揺光は、人並みには、親に対して批判を持っていたようだが、自分は愛されている、という確信は揺るがなかったと言っている。

それは、たとえば、こんな時に私にも感じられるのだ。ある人が、揺光が歌う「秩子はー秩子はー、秩子は秩子デー」という揺光作詞作曲の歌（？）を「私の名前でもやってくれない？」とからかったら、揺光は真面目にこう答えたのだという。「秩子は、僕のいるとこにはどこでも来ました。

オクラホマ、マイアミ、ウプサラ、ユトレヒト、タイ、ビルマ。だから秩子の歌だけしか歌わない。」それを聞いて、私がどこにでも訪ねていっていたということを単に私の好奇心だという捉えかたではなく、自分への愛として捉えていてくれるのだと確信できたのだった。

「愛」という言葉は、子どもを縛る時にも使われるし、「愛してる」という言葉になるともっと様々な揺らぎがある言葉だから、使いたくないという思いもある。だが、子どもの側から見て「愛されているという実感」があるのかどうかということは、かなり決定的なことに思われる。愛されているという実感がその子のエネルギーの元になるのではないか？　というのが、私の試論だ。

一方、「愛」と「好奇心」との関係は往々にしてかなり微妙な問題を発生させる。「愛」はおそらく、何物にも増して、大切にしていいものなのだと思うが、「好奇心」はそうはいかない。何がしかの事件などによって、地獄に突き落とされた状態にある人のところへマスコミ関係者が行って、根掘り葉掘り聞き出す場面がよく問題になるが、聞くほうは好奇心であっても、聞かれるほうはかなわない、ということになりがちだ。私は報道するという任務を負っているわけではないので、そういう場面では、自分の好奇心を抑えようと努力している。でも、子育ての場面では、子ども達に見抜かれてしまってきたことがたくさんある。私の還暦祝いを子ども達がしてくれた時、「秩子への愛のアルバム」なるものを私に内緒で作ってくれた。それは、当時一番手が空いていた三女帆姿が幹事として活躍してくれたそうだが、家族全員のページを作り、そこには、その人の写真が数枚と、アンケートに答えた文章が載っている。写真の説明が面白い。なぜそこに、その写真が貼ってあるのか、私との関係が書かれている。

次女海映のページには、彼女が四歳、年子の弟が三歳ぐらいごろのスキー場での写真がある。二人は、スキーの板を持って帰ろうとしているところらしい。海映はスキー板をちゃんと持てているのだが、弟の巌志は二本のスキー板がまとまらなくて、うまく持つことができず、「助けてー」という感じで泣いている。海映はその弟の窮状を心配そうに見ている。その写真にはこういう説明が書かれていた。「秩子のキャラを最もよくあらわす〝私が選んだこの一枚〟。絶妙な一瞬を逃さずカメラに収める名フォトグラファー。と同時に、息子が泣いてるんだからカメラ放して助けてやれよ！　といいたくなる好奇心丸出しの母ちゃんぶり。」

実によく書けている！　何回読んでもうなってしまう。私の子育ては、総じて「愛」よりも自分の好奇心が上になってしまってきていた。それはいつも子ども達から見透かされていた。泣いているのを助けるより先に写真をとっておく、なんていうことは日常だった。子ども達がよくそれに耐えてくれたと感心する。この「秩子への愛のアルバム」の中で、「秩子を一言で言うと」というアンケートに「ペット」と三男乙水が書いている。尋常から外れた私の行為を子ども達は話題にしては、みんなで笑っている。友人達の笑いもとっているらしい。それが「ペット」の由来らしい。

しかし、あえて、自分の弁護をしてみよう。子どもを「頭のいい子に育てる」とか将来の職業を小さい時から決めて、それに向かってまっしぐら、という育て方をする親の子は、親から何らかの「操縦」を受けていると感じ始めると、かなり大変な親子関係に陥る。そういう親と比べた場合、好奇心を持って眺めているだけなので、「操縦」とは正反対の開放感もあるのではないだろうか？

ほかと比べて、という言い方しかできないところが、苦しい弁解となっている。

＊

ところで、揺光に「教えないで育てる」という実験をさせてもらい、その結果を報告してみようといつからか考え始めた。今回この揺光のレポートを実験結果報告という形で、皆さんに送ろうと思う。

「教えない」と親が言っても、周囲は「教える」のシャワーでいっぱいだ。学校しかり、社会しかり、兄姉しかり！　学校は、朝から晩まで「教えて」くれる。その圧力に耐えかねて脱出する子ども達もいっぱいいる。「教える」ということは、「今のままではだめだよ」というメッセージを貼りつけたまま、子ども達に情報を届けることになる。そのことを敏感に感じ取ってしまう子ども達から、脱出が始まる。自分のペースで学んでいこうという「個性派」はそこですでにふるい落とされることになる。社会はそういう子ども達を「不登校児」とか「ひきこもり」とかいう言い方で、マイナス価値を振り当てる。何人もの子ども達がそういう価値観に抗議して自殺という方法で命を差し出しているというのに、相も変わらず「いい学校を出て、いい仕事について、家族とともに幸せをつかむ」という価値観から抜け出せずにいる人が大半だ。天童荒太が小説『家族狩り』の中で、見事にそんな社会を描き出してくれている。

兄姉についていえば、それぞれが揺光のことを心配して、色々と注意したり、実際に手を出して教えてくれた人もあった。マスコミの就職試験では、三男の乙水が自分の経験に照らして、かなりのてこ入れを図ってくれたらしい。一五歳でアメリカに行った時は、ちょうど同じ時に長女萌実がノースキャロライナ州立大学シャーロット校の修士に留学したので、電話のやり取りなどで励ましていた。兄姉達は、年が離れていたという事情もあって、生まれた時からみんなで競争のように揺光をかわいがったものだ。六人の兄姉が彼を取り囲んで、歩けるようになったばかりの揺光が誰の所に歩いてくるのかと手を出して迎える、という遊びがはやったことがあった。たしか、揺光も気を使って、かなり公平に相手を選んでいたように思う。三歳になると小学三年生の帆姿に連れられて、東京の私の友人の家に一泊して来たし、五歳の時には、中三の巌志がフェリーで、萌実の住む札幌に連れて行った。そのころはまだオムツをして寝ていたので、フェリーの中で巌志がオムツを取り替えている光景を思い浮かべると、今でもほのぼのとした気持ちになる。長男宇洋は私が教えないで育てているということを一番心配して、色々と「お説教」してくれたものだ。でも、彼が中学二年ぐらいになったころ「よくしたものだね。教えなくても、なんとか挨拶もできるようになってきたし、大人がいない時には、お客にちゃんとお茶やお酒を出すようになったし、何とかなるもんだなあ」と言っていた。次女の海映は、彼がオクラホマに住んでいた二年目に訪ねて、揺光の面倒を見てくれたホストマザーにお礼を言っている。九年間の海外生活を終えて帰国した後、就職試験をたくさん受けたが、その時には海映の家が彼の宿舎となり、海映のパートナー真一郎さんからも色々世話になっている。

彼が、このレポートにあるカレン青年リーダー養成学校で先生をさせてもらっている時には、私もそこへ訪ねて行ったが、時期をずらしながら帆姿も萌実も訪ねている。揺光がウプサラ大学にいた時には、家族九人でスウェーデンを訪ね、揺光のクラスメイトと二人でドライバーとして家族を案内してくれたりした。揺光がアメリカにいる時、夫卓夫は揺光に日本の文化を知らせようということで、色々と本を送っていた。ある時、高村光太郎の『智恵子抄』を送った。その時、同じアメリカに留学していた萌実に「お父さんてばマイナーな本を送ってきた」と言ったそうで、『智恵子抄』は日本の中学生だったらきっとみんな知っているだろう、と解説したことがあった。ことほどさように揺光の日本文化への知識は、お粗末なものだった。

このように、九年間、日本を離れているとは言っても、家族とのつながりはそれなりに続いていたし、また、どこにいても友人に恵まれ、ユトレヒト大学の卒業式にヨーロッパ各地から友人が参集してくれたことには感動した。

「教えないで育てる」ということは、そんなわけだから、単に私と彼との関係をそのように規定したと言うだけのことなのかもしれない。つまり、揺光のすることに対して私が差し出がましいことは言わないように努力し、彼のやりたいことはできる限りやらせてあげようと力を傾けた、というだけのことなのかもしれない。

私の実験の結果に対する判断は、読者の皆さんにゆだねることにしたい。

あとがき

タイ－ビルマ国境での滞在を終えてから、すでに五年半がたつ。新聞記者として日々色々なニュースを書きながら、そして新聞社を辞し、ケニアのダダーブに立つ今でも、国境での刺激的な日々を懐かしく思う時がある。カレン青年達との衝突。彼らが見せる悲しみ、苦しみ、喜び。デコボコの野原で、丸太のゴールポストでサッカーをした日々。もう、あんな刺激的な日々を送れることはないのかとも思うと、本当に寂しい。

改めて振り返ってみると、自己主張を必死に彼らに押しつけようとしていた自分が恥ずかしく感じる。「ビルマ民族を憎むことはいけない」「殺しあうことはいけない」「民族内で差別するのはよくない」などなど。もっと、彼らの声に耳を傾ければよかったと反省する。

彼らの「民族のために命を捧げて戦う」という態度が、とても閉鎖的に思えた。その閉鎖性でアイザックのような生徒に孤独感を抱かせてしまっている現状を、何とかしたいという気持ちで一杯だった。結局、私が感じた「閉鎖性」に対して、何か結論が出たわけでも問題提起できたわけでもなかった。ただ、その時、あの場所にいた自分がどう感じ、どういった行動をしたのか、それを書き留めたかった。

武装闘争の将来のリーダーとして期待される彼らは、「カレン人」というあくまで厳格な定義があった。スコーカレン語を話し、カレンのために命を捧げ、独立のために戦うという、厳格な定義から少しでもはみ出せば、それは批判の対象となった。アイザックの苦しみに対する同情よりも、独立のために戦い続けるという、集団の目的が優先されていた。

ある意味、自分の民族にそれほど誇りを持てる彼らがうらやましくもあった。日本人であることに、さほど強い想いもなく、何かに対して強い愛情を持って生きるということをしたことがない私にとって、何かに命を懸けることができる彼らが勇ましくもあった。

＊

自分が日本民族に属するということの意義とは何なのだろう？　一五歳で米国に留学し、九年間で、米国、スウェーデン、タイ、オランダの四カ国に長期滞在し、旅行やボランティアで二〇カ国以上訪れた。自分が「日本人」であるということに対して、ほとんどの国の人から好意的に受け止められた。

タイやビルマでは「なぜ、そこまで経済発展ができたのですか？」などと、経済大国との一員として敬われた。米国の大学在学中、研修でトルコに行った時、参加メンバー七人には五つの国籍の人がいたが、トルコ入国の際、ビザが必要なかったのは日本人の私だけだった。

ボスニアのＮＧＯで働くネパール人は「私が出身国を言っても、貧困というイメージしかない。どこの国に行くにもビザを取るのに時間がかかる。君は簡単にボスニアに入ることができ、しかも、友好的なイメージで見られる。祖先の人たちに感謝すべきだよ」と言われた。

もちろん、よいことだけではなかった。大学院時代付きあっていたフランス人の母親は「あなたより、背が高いのでしょうね？」と、日本人の彼氏ができたことを報告する彼女を尋問したという。二〇〇九年二月に式をあげた韓国人の彼女の母親は、太平洋戦争中に非戦闘員だった祖父を日本軍に拷問され殺されており、「娘を日本人に盗まれる気分」と交際を反対されていた。

九年間の海外生活を終え、帰国してから五年半。海外では「日本人」として見られることを考えさせられたが、これからはどこの社会に身を置こうとも、日本人に属する意味を考え続けたいと思っている。

この五年半でタイ－ビルマ国境の状況は急変している。欧米諸国が第三国定住の難民受け入れを開始し、五万五〇〇〇人以上の難民が新天地へ旅立った。ここに登場するアイザックも二〇〇七年九月に米国へ渡っていった。米国へ旅立つ前のアイザックに会いに、タイを再び訪れた。少し緊張した面持ちで、「やっと自由に勉強ができるようになれます」と楽しみにしているようだった。日本政府も、カレン難民の受け入れに前向きな姿勢を見せており、国境のカレン難民が私達の隣人になる日も近い。その時、私を快く受け入れてくれたことへのお礼が少しでもできたらと考えている。

最後に、私の汚い文章に辛抱強く助言し続けてくれた伊藤晶宣さんには、足を向けて寝ることはできなくなった。そして私を快く受け入れてくれたカレンやカチンの青年達に、心からお礼の言葉を綴って筆をおこうと思う。

二〇一〇年四月二九日　ダダーブの大地のもとで

黒岩揺光

〈著者略歴〉
黒岩揺光（くろいわ・ようこう）
1981年新潟県南魚沼市生まれ。15歳で米国（オクラホマ州）へ留学。フロリダ州のマイアミ大学国際関係学部卒業。オランダのユトレヒト大学大学院の「移民、民族、多文化」修士課程修了。修士論文でタイに約半年滞在し、ビルマ難民の民族意識を調査する。2006年に毎日新聞社入社、2009年10月退社。11月より外務省の平和構築人材育成事業の研修員となり、現在、ソマリアと国境を接するケニア共和国ダダーブの国連難民高等弁務官事務所（UNHCR）で若者の支援を担当している。

国境に宿る魂
紛争の狭間に生きるカレン・カチンの若者達と同じ屋根の下で

2010年10月1日　第1刷発行 ©

著　者	黒岩揺光
写　真	宇田有三・黒岩揺光・ビルマ救援センター
装幀者	M. 冠着
発行者	伊藤晶宣
発行所	(株)世織書房
組版所	(有)銀河
印刷所	三協印刷(株)
製本所	協栄製本(株)

〒220-0042　神奈川県横浜市西区戸部町7丁目240番地　文教堂ビル
電話045(317)3176　振替00250-2-18694

落丁本・乱丁本はお取替いたします　Printed in Japan
ISBN978-4-902163-55-1